IM NAMEN ALLAHS

WIE DER IS DEN GLAUBEN IN BLUT TRÄNKTE

ANDREAS SCHNADERBECK

IMPRESSUM

Bibliografische Information der Deutschen Nationalbibliothek: Die Deutsche Nationalbibliothek verzeichnet diese Publikation in der Deutschen Nationalbibliografie; detaillierte bibliografische Daten sind im Internet über http://dnb.dnb.de abrufbar.

office@andreasschnaderbeck.com

Verlag: BoD · Books on Demand GmbH, In de Tarpen 42, 22848 Norderstedt

Druck: Libri Plureos GmbH, Friedensallee 273, 22763 Hamburg

ISBN: 978-3-7583-5086-3

INHALTSVERZEICHNIS

VORWORT

In einer Welt, die von Kriegen und Konflikten geprägt ist, hat der Islamische Staat (IS) eine Spur von Gewalt und Zerstörung hinterlassen, die die Menschheit zutiefst erschüttert hat. Doch während seiner grausamen Taten die Nachrichten dominiert haben, ist es wichtig, sich daran zu erinnern, dass dieser scheinbar übermächtige Feind in Wirklichkeit scheitert. Seine Ideologie, seine Brutalität und seine Versuche, die Welt in Angst zu versetzen, sind nichts weiter als das letzte Aufbäumen einer verirrten Gruppe, die im Angesicht von Fortschritt, Menschlichkeit und der unaufhaltsamen Kraft der Solidarität keinen Bestand haben wird.

Wenn wir über den IS sprechen, erscheint es leicht, in Furcht und Hoffnungslosigkeit zu verfallen. Doch ein Blick auf die Realität zeigt uns, dass dieser Schrecken in einem größeren Kontext gesehen werden muss. Jahr für Jahr sterben mehr Menschen durch Hundeattacken, Blitzschläge oder sogar die winzigen Stiche von Stechmücken als durch die Angriffe des IS. Diese vergleichsweis alltäglichen Gefahren verdeutlichen, wie gering die tatsächliche Bedrohung durch den IS ist, wenn wir sie mit der unermesslichen Stärke und Widerstandskraft der Menschheit vergleichen.

Der IS mag versucht haben, die Welt in Dunkelheit zu stürzen, aber er hat uns unterschätzt. Jede Tat der Gewalt hat nicht nur das Gegenteil bewirkt, sondern auch den Willen der Menschen gestärkt, für Freiheit, Frieden und Menschlichkeit zu kämpfen. Die Geschichten von Überlebenden, von Widerstandskämpfern und von all jenen, die unermüdlich gegen die Tyrannei des IS ankämpfen, sind Beweise dafür, dass kein noch so grausames Regime jemals gegen den unaufhaltsamen Drang der Menschheit nach Freiheit bestehen kann.

Die Geschichte zeigt uns, dass jeder Versuch, die Menschheit zu unterdrücken, letztlich scheitert. Der IS ist keine Ausnahme. So wie der Blitz nur einen Moment der Dunkelheit durchbricht, bevor der Himmel wieder hell wird, so wird auch der IS im Licht der Gerechtigkeit und Menschlichkeit verblassen. Lassen Sie uns gemeinsam den Mut finden, in einer Welt aufzubrechen, die sich vom IS nicht in die Knie zwingen lässt. Stattdessen gehen wir erhobenen Hauptes in eine Zukunft, die nicht von Terror und Angst, sondern von Hoffnung und menschlichem Zusammenhalt geprägt ist.

ENTSTEHUNG DES ISLAMISCHEN STAATES

Die Entstehung des Islamischen Staates (IS) ist ein vielschichtiges und historisch tief verwurzeltes Phänomen, das sich über mehrere Jahrzehnte hinweg entwickelt hat. Um die Entstehung des IS detailliert zu verstehen, ist es notwendig, die ideologischen Grundlagen, historischen Entwicklungen und spezifischen politischen, sozialen und wirtschaftlichen Bedingungen in der Region zu untersuchen, die das Aufkommen dieser extremistischen Organisation ermöglichten. Diese umfassende Analyse geht schrittweise auf die verschiedenen Aspekte ein, die zur Entstehung des IS führten.

Die ideologischen Grundlagen des Islamischen Staates sind tief im Salafismus verwurzelt, einer Strömung innerhalb des sunnitischen Islam, die auf eine Rückkehr zu den Praktiken und Lehren der „frommen Vorfahren" (Salaf) abzielt. Der Salafismus lehnt jede Form von Neuerung (Bidʿa) ab und fordert eine strikte Anwendung der Scharia, des islamischen Gesetzes. Diese puritanische Interpretation des Islam hat im Laufe des 20. Jahrhunderts an Einfluss gewonnen, insbesondere durch die Förderung des Wahhabismus, der offiziellen Staatsreligion Saudi-Arabiens. Der Wahhabismus, benannt nach dem Gelehrten Muhammad ibn Abd al-Wahhab, entstand im 18. Jahrhundert in der arabischen Halbinsel und propagierte eine besonders strenge und unverfälschte Form des Islam. Diese Ideologie, die von der saudischen Regierung aktiv unterstützt und exportiert wurde, hatte einen großen Einfluss auf die islamistische Bewegung weltweit, einschließlich derjenigen, die später den IS gründeten.

Ein weiterer zentraler ideologischer Baustein des IS ist der Jihadismus. Diese Bewegung interpretiert den Jihad, ursprünglich ein umfassender Begriff für den „Kampf auf dem Weg Gottes", primär als bewaffneten Kampf gegen die „Feinde des Islam". Der moderne Jihadismus hat seine Wurzeln in der ägyptischen Muslimbruderschaft und wurde durch die Schriften von Sayyid Qutb, einem der führenden Ideologen der Bewegung, maßgeblich geprägt. Qutbs Werke, insbesondere „Maʿalim fi al-Tariq" („Wegzeichen"), riefen zur Bekämpfung der als „unislamisch" angesehenen Regime in der muslimischen Welt und zur Errichtung eines islamischen Staates auf. Diese Ideen wurden später von radikaleren Gruppen wie al-Qaida aufgegriffen und in einer globalen Perspektive weiterentwickelt, die den Kampf gegen den „Westen" und die „unislamischen" Regierungen in der islamischen Welt legitimierte.

Der sowjetisch-afghanische Krieg (1979-1989) spielte eine zentrale Rolle bei der Entwicklung des globalen Jihadismus, der später auch den IS beeinflusste. Der Krieg zog Tausende von islamistischen Freiwilligen aus der gesamten muslimischen Welt an, die als „Afghanen-Araber" bekannt wurden. Diese Kämpfer schlossen sich den Mudschaheddin an, die von den USA, Pakistan, Saudi-Arabien und anderen Ländern unterstützt wurden, um gegen die sowjetischen Truppen und die von ihnen unterstützte kommunistische Regierung in Afghanistan zu kämpfen. Die Teilnahme an diesem Krieg stärkte nicht nur das militärische Potenzial dieser Kämpfer, sondern förderte auch die Bildung eines transnationalen Netzwerks radikalisierter Islamisten.

Aus diesem Krieg ging al-Qaida hervor, eine Organisation, die 1988 von Osama bin Laden und anderen radikalen Islamisten gegründet wurde. Al-Qaida stellte eine bedeutende Weiterentwicklung des jihadistischen Gedankenguts dar, da sie den bewaffneten Kampf gegen den Westen und seine Verbündeten als eine vorrangige Aufgabe betrachtete. Osama bin Laden und Ayman al-Zawahiri, die Führer von al-Qaida, sahen den „fernen Feind“ (den Westen) als das Hauptziel an, während lokale jihadistische Gruppen oft den „nahen Feind“ (unislamische Regierungen in der muslimischen Welt) bekämpften. Die Ideologie von al-Qaida und ihre operativen Netzwerke bildeten den ideologischen und organisatorischen Rahmen, aus dem später der Islamische Staat hervorging.

Die Invasion des Irak im Jahr 2003 durch eine von den USA geführte Koalition hatte tiefgreifende und weitreichende Folgen für die gesamte Region. Der Sturz des irakischen Diktators Saddam Hussein führte zu einem massiven Machtvakuum, das das Land in Chaos stürzte. Zwei besonders folgenreiche Entscheidungen der US-Besatzungsbehörde waren die Auflösung der irakischen Armee und das Verbot der Baath-Partei, der Regierungspartei unter Saddam Hussein. Diese Maßnahmen führten dazu, dass Hunderttausende von sunnitischen Irakern, die unter dem Baath-Regime in staatlichen Funktionen und in der Armee tätig gewesen waren, plötzlich ohne Arbeit und Perspektive waren. Diese Entmachtung und Marginalisierung der sunnitischen Elite im Irak schuf eine tiefe Verbitterung und ein Gefühl der Ungerechtigkeit, das den Nährboden für den Aufstieg radikaler Gruppen wie al-Qaida im Irak (AQI) bildete.

Im Chaos nach der Invasion bildete sich al-Qaida im Irak (AQI) unter der Führung von Abu Musab al-Zarqawi, einem jordanischen Islamisten, der bereits in Afghanistan gegen die Sowjets gekämpft hatte. Zarqawi war ein besonders brutaler und rücksichtsloser Anführer, dessen Ideologie von extremer Gewalt gegen Schiiten und westliche Ziele geprägt war. AQI führte zahlreiche Anschläge gegen die schiitische Bevölkerung und die US-geführten Truppen im Irak durch, mit dem Ziel, den sunnitisch-schiitischen Konflikt zu eskalieren und das Land in einen sektiererischen Bürgerkrieg zu stürzen. Zarqawis Strategie der maximalen Gewalt führte zwar zu Spannungen mit der Führung von al-Qaida, die eine weniger sektiererische Vorgehensweise bevorzugte, doch sie erwies sich als effektiv, um den Irak weiter zu destabilisieren. Der Irakkrieg führte schließlich zu einem offenen Bürgerkrieg zwischen sunnitischen und schiitischen Milizen, der das Land weiter ins Chaos stürzte. AQI nutzte diesen Konflikt geschickt aus, um seine Machtbasis auszubauen und begann, Gebiete im Westen des Irak zu kontrollieren. Zarqawi wurde 2006 bei einem US-Luftangriff getötet, doch seine Gruppe überlebte und formierte sich neu. Im selben Jahr schloss sich AQI mit anderen sunnitischen Rebellengruppen zusammen und gründete den „Islamischen

Staat im Irak“ (ISI), der als Vorgänger des späteren IS betrachtet wird.

Der syrische Bürgerkrieg, der 2011 als Teil des sogenannten „Arabischen Frühlings“ ausbrach, bot dem ISI die Gelegenheit, sich neu zu formieren und seine Aktivitäten über die Grenzen des Irak hinaus auszuweiten. Der Krieg führte zu einer Fragmentierung der syrischen Gesellschaft und schwächte die zentrale Regierung erheblich. Verschiedene Rebellengruppen kämpften um die Kontrolle über das Land, und in diesem chaotischen Umfeld begann der ISI, der sich nun in „Islamischer Staat im Irak und Syrien“ (ISIS) umbenannte, strategisch wichtige Gebiete im Osten Syriens zu erobern. Diese Regionen, insbesondere um die Stadt Raqqa, wurden zu wichtigen Operationsbasen für die Gruppe.

Der IS profitierte von dem Machtvakuum, das durch den syrischen Bürgerkrieg entstanden war. Während die syrische Regierung unter Bashar al-Assad um ihr Überleben kämpfte und die internationalen Akteure uneins über die Unterstützung der verschiedenen Rebellengruppen waren, konnte der IS ungehindert expandieren. Die Organisation setzte auf eine Mischung aus militärischer Gewalt und der Errichtung von Verwaltungsstrukturen, um die Kontrolle über die eroberten Gebiete zu festigen. Die Einnahmen aus dem Ölhandel, Erpressung und Plünderungen sowie die Rekrutierung von Kämpfern aus dem Ausland ermöglichten es dem IS, seine Machtbasis weiter auszubauen und seine Herrschaft zu konsolidieren.

Der Höhepunkt der Expansion vom IS war die Eroberung der nordirakischen Stadt Mosul im Juni 2014. Dieser militärische Erfolg, der weitgehend ohne Widerstand seitens der irakischen Armee erreicht wurde, markierte einen Wendepunkt in der Geschichte der Gruppe. Mosul, die zweitgrößte Stadt des Irak, war von großer strategischer Bedeutung, sowohl wirtschaftlich als auch symbolisch. Durch die Eroberung der Stadt gelang es dem IS, enorme Mengen an Waffen und Geldmitteln zu erbeuten, was die Gruppe in die Lage versetzte, ihre Macht weiter auszubauen.

Am 29. Juni 2014, wenige Wochen nach der Eroberung von Mosul, proklamierte Abu Bakr al-Baghdadi das „Kalifat“ und erklärte sich selbst zum Kalifen, dem religiösen und politischen Führer aller Muslime. Diese Proklamation hatte eine enorme symbolische Bedeutung, da sie den Anspruch vom IS unterstrich, die Führung der globalen muslimischen Gemeinschaft zu übernehmen und ein islamisches Weltreich zu errichten. Das Kalifat wurde vom IS als legitime Nachfolge des ursprünglichen islamischen Kalifats aus der Zeit des Propheten Muhammad dargestellt, was der Gruppe sowohl religiöse Legitimität als auch eine klare ideologische Identität verlieh.

Die Entstehung des Islamischen Staates war das Ergebnis einer Vielzahl von Faktoren, die über Jahrzehnte hinweg wirkten. Ideologische Strömungen wie der Salafismus und der Jihadismus bildeten die geistigen Grundlagen, während geopolitische Ereignisse wie der sowjetisch-afghanische Krieg und die Invasion des Irak durch die USA die militärischen und organisatorischen Voraussetzungen schufen. Der syrische Bürgerkrieg bot schließlich das notwendige Chaos, in dem der IS seine Machtbasis errichten konnte. Die Proklamation des Kalifats im Jahr 2014 war der Höhepunkt dieser Entwicklungen, der das Selbstverständnis von ISIS als überstaatliche, religiös-politische Autorität festigte. Gleichzeitig zeigt die Entstehung des IS die verheerenden Auswirkungen von regionaler Destabilisierung, politischem Versagen und der unkontrollierten Verbreitung radikaler Ideologien auf. Diese Faktoren trugen entscheidend dazu bei, dass eine Organisation wie der Islamische Staat entstehen und zeitweise große Teile des Irak und Syriens kontrollieren konnte.

März 2003: Die USA und ihre Verbündeten beginnen die Invasion des Irak, um das Regime von Saddam Hussein zu stürzen. Dies führt zu einem Machtvakuum und dem Aufstieg verschiedener Rebellengruppen.

Oktober 2004: Abu Musab al-Zarqawi gründet die Gruppe "Al-Qaida im Irak" (AQI), die später als Keimzelle für den Islamischen Staat (IS) dient. Diese Gruppe verübt zahlreiche Anschläge gegen US-Truppen und schiitische Zivilisten.

Januar 2006: AQI fusioniert mit mehreren anderen sunnitischen Rebellengruppen und bildet den "Mudschaheddin-Schura-Rat".
Oktober 2006: Nach dem Tod von al-Zarqawi verkündet die Gruppe die Gründung des "Islamischen Staates im Irak" (ISI) unter der Führung von Abu Omar al-Baghdadi.

April 2010: Abu Bakr al-Baghdadi übernimmt die Führung des ISI nach dem Tod von Abu Omar al-Baghdadi und des damaligen Militärkommandeurs.

März 2011: Der Bürgerkrieg in Syrien beginnt. Der ISI nutzt das Chaos und weitet seine Operationen nach Syrien aus. Dies führt zur Bildung von "Jabhat al-Nusra", einem Ableger von ISI in Syrien.

April 2013: Al-Baghdadi erklärt die Fusion von ISI und Jabhat al-Nusra und verkündet die Gründung des "Islamischen Staates im Irak und Syrien" (ISIS). Dies wird jedoch von Jabhat al-Nusra abgelehnt, was zu einem Bruch zwischen den beiden Gruppen führt.

Juni 2014: ISIS erobert die irakische Stadt Mossul und erklärt die Gründung eines "Kalifats" unter der Führung von Abu Bakr al-Baghdadi. Der Islamische Staat (IS) wird international bekannt und zieht zahlreiche ausländische Kämpfer an.
August 2014: Der IS erobert die jesidische Stadt Sindschar im Nordirak und verübt schwere Menschenrechtsverletzungen, einschließlich Massaker und Versklavung. Die USA beginnen daraufhin Luftangriffe gegen IS-Stellungen im Irak, was der Beginn einer breiten internationalen Koalition zur Bekämpfung des IS markiert.

2014-2015: Der IS erobert große Gebiete in Syrien und im Irak, darunter die Städte Raqqa (Syrien) und Ramadi (Irak). Raqqa wird zur faktischen Hauptstadt des IS-Kalifats. Der IS kontrolliert auf dem Höhepunkt seiner Macht ein Gebiet, das etwa der Größe des Vereinigten Königreichs entspricht.

November 2015: IS-Kämpfer verüben eine koordinierte Anschlagsserie in Paris, bei der 130 Menschen getötet werden. Diese und andere Anschläge in Europa, dem Nahen Osten und Afrika erhöhen die weltweite Aufmerksamkeit und verstärken die internationalen Anstrengungen, den IS zu bekämpfen.

2016: Die internationalen Koalitionskräfte sowie lokale Milizen (wie die irakische Armee, die kurdischen Peschmerga und die Syrischen Demokratischen Kräfte) starten umfassende militärische Operationen gegen den IS. Der IS verliert wichtige Städte wie Falludscha und Dabiq.

Juli 2017: Nach monatelangen Kämpfen erobern irakische Streitkräfte Mossul zurück, was einen entscheidenden Schlag für den IS darstellt.
Oktober 2017: Die Syrischen Demokratischen Kräfte (SDF), unterstützt durch US-geführte Luftangriffe, erobern Raqqa, die ehemalige Hauptstadt des IS-Kalifats.

Dezember 2018: Der IS wird in Syrien und im Irak weiter zurückgedrängt und kontrolliert nur noch kleine isolierte Gebiete.

März 2019: Die SDF erobert das letzte IS-Gebiet in Baghuz, Syrien. Dies markiert das faktische Ende des territorialen "Kalifats".
Oktober 2019: Abu Bakr al-Baghdadi wird bei einem US-geführten Militäreinsatz in Syrien getötet. Dies ist ein schwerer symbolischer Schlag für den IS, obwohl die Organisation weiterhin aktiv ist und Terrorzellen in verschiedenen Ländern unterhält.

2020-heute: Der IS operiert weiterhin als Untergrundbewegung in Syrien, dem Irak und anderen Regionen. Trotz des Verlusts des "Kalifats" bleibt der IS eine Bedrohung, besonders durch Anschläge und Guerilla-Taktiken in instabilen Regionen.

AUFBAU DES ISLAMISCHEN STAAT

Der Aufbau des Islamischen Staates ist das Ergebnis einer komplexen Mischung aus religiöser Ideologie, militärischer Organisation und staatlicher Struktur. Der IS hat sich als hybride Entität entwickelt, die sowohl als terroristische Organisation als auch als protostaatliche Einheit agiert.

Der IS entwickelte eine komplexe politische Struktur, die den Versuch darstellt, einen islamischen Staat nach den Prinzipien der Scharia zu errichten. Diese Struktur basiert auf einem zentralisierten Führungsmodell, unterstützt durch eine hierarchische Verwaltung.

An der Spitze des IS stand der Kalif, Abu Bakr al-Baghdadi, der als höchste religiöse und politische Autorität fungierte. Ihm unterstanden verschiedene Räte und Komitees, die jeweils unterschiedliche Bereiche der Verwaltung und des Militärs kontrollierten. Zu den wichtigsten Gremien gehörten:

Schura-Rat: Dieser Rat bestand aus den engsten Beratern des Kalifen und hatte eine beratende Funktion in religiösen und politischen Angelegenheiten.
Militärischer Rat: Dieser Rat war für die Planung und Durchführung militärischer Operationen zuständig.
Schariarat: Der Schariarat überwachte die Einhaltung der Scharia und entschied in religiösen und juristischen Fragen.

Der IS teilte die von ihm kontrollierten Gebiete in verschiedene Provinzen (Wilayat) auf, die jeweils von einem Gouverneur (Wali) geleitet wurden. Die Wilayat waren in kleinere Bezirke unterteilt, die eine lokale Verwaltung ermöglichten. Diese Struktur war darauf ausgelegt, eine effektive Kontrolle über die besetzten Gebiete auszuüben und gleichzeitig die ideologische Doktrin des IS durchzusetzen.

Der IS entwickelte eine hochgradig organisierte und effiziente militärische Struktur, die sowohl konventionelle als auch unkonventionelle Kriegsführung umfasste. Die militärische Stärke des IS war ein wesentlicher Faktor für seine Fähigkeit, große Gebiete im Irak und in Syrien zu erobern und zu kontrollieren.

Die militärischen Einheiten des IS bestanden aus regulären Kämpfern und speziellen Eliteeinheiten. Die regulären Streitkräfte setzten sich aus erfahrenen Kämpfern und Rekruten zusammen, die aus verschiedenen Teilen der Welt stammten. Die Eliteeinheiten, wie die „Inghimasi“ (Selbstmordkämpfer), wurden für besonders gefährliche und strategische Missionen eingesetzt.

Der IS kombinierte traditionelle Guerillataktiken mit modernen militärischen Strategien, um seine Gegner zu besiegen. Zu den bevorzugten Methoden gehörten asymmetrische Kriegsführung, die Verwendung von improvisierten Sprengsätzen (IEDs), Selbstmordattentate und die Nutzung sozialer Medien zur psychologischen Kriegsführung.

Der IS konnte durch die Eroberung von Militärbasen und Waffenlagern, insbesondere im Irak, eine beachtliche Menge an modernen Waffen und Ausrüstungen erbeuten. Dazu gehörten Panzer, Artillerie, Raketenwerfer und sogar Flugabwehrsysteme. Diese Ausrüstung verschaffte dem IS einen erheblichen militärischen Vorteil in den frühen Phasen seines Aufstiegs.

Der IS setzte auf eine rigorose soziale Kontrolle und eine ausgeklügelte Propagandastrategie, um seine Macht zu konsolidieren und seine Ideologie zu verbreiten.

In den vom IS kontrollierten Gebieten wurde ein strenges Überwachungs- und Justizsystem eingerichtet. Die „Hisbah" (Religionspolizei) überwachte die Einhaltung der Scharia und bestrafte Verstöße, während spezielle Gerichte, die nach der Scharia urteilen, Fälle von Abweichung oder Opposition schnell und brutal behandelten.

Zu Führungswechseln kam es beim IS bislang nur durch den Tod des jeweils bisherigen Anführers.

- 05/2010 – 10/2019: Abū Bakr al-Baghdādī
- 11/2019 – 02/2022: Abu Ibrahim al-Haschimi al-Quraischi
- 03/2022 – 11/2022: Abu Hassan al-Haschimi al-Quraischi
- 11/2022 – 4/2023: Abu al-Husain al-Husaini al-Quraischi
- ab 08/2023: Abu Hafs al-Hashimi al-Qurashi

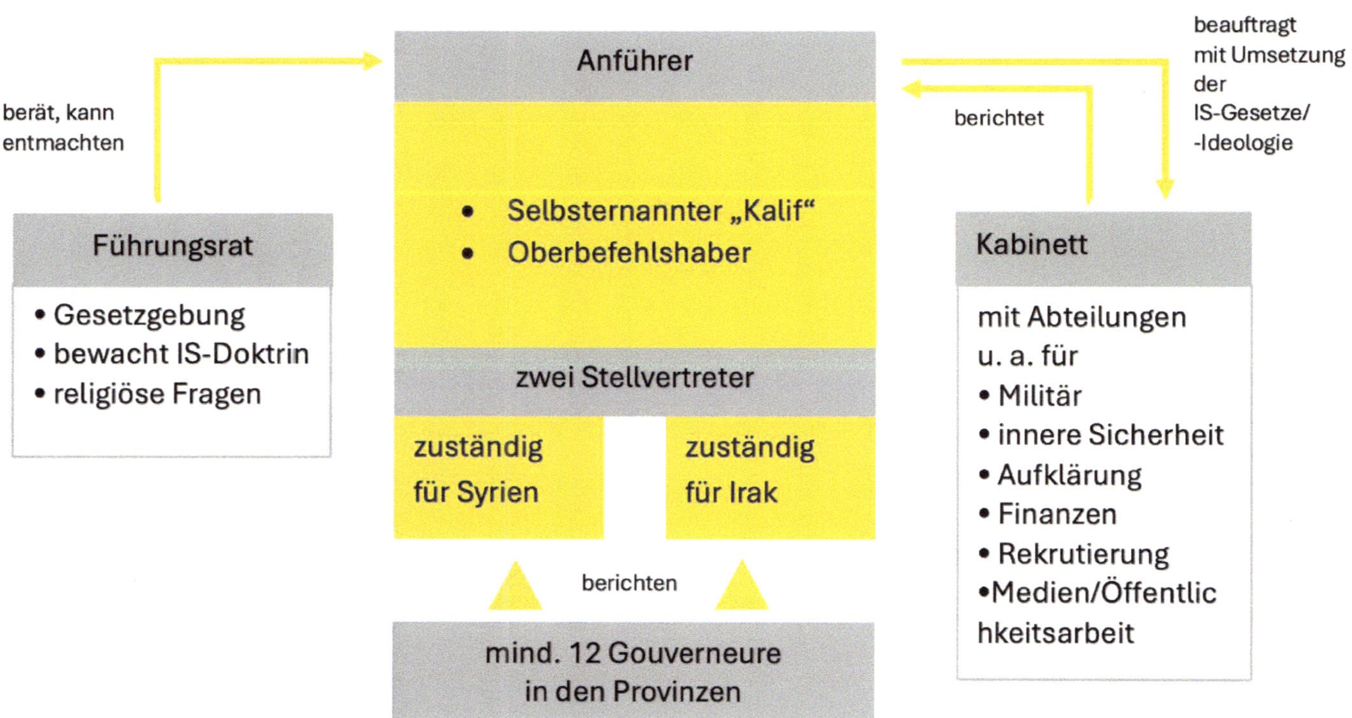

Anführer
• Selbsternannter „Kalif"
• Oberbefehlshaber
berät, kann entmachten
Führungsrat
• Gesetzgebung
• bewacht IS-Doktrin
• religiöse Fragen
berichtet
beauftragt mit Umsetzung der IS-Gesetze/-Ideologie
Kabinett
mit Abteilungen u. a. für
• Militär
• innere Sicherheit
• Aufklärung
• Finanzen
• Rekrutierung
•Medien/Öffentlic hkeitsarbeit
zwei Stellvertreter
zuständig für Syrien
zuständig für Irak
berichten
mind. 12 Gouverneure in den Provinzen

DER AUFSTIEG DES RADIKALEN ISLAMISMUS

Der radikale Islamismus ist ein politisches und religiöses Phänomen, das in der zweiten Hälfte des 20. Jahrhunderts stark an Bedeutung gewonnen hat. Seine Ursprünge sind tief in der Geschichte des Islam verwurzelt, seine moderne Form jedoch ist das Ergebnis eines komplexen Zusammenspiels aus Kolonialismus, politischer Unterdrückung, sozialer Ungleichheit, ideologischen Konflikten und geopolitischen Einflüssen.

Der Begriff "Islamismus" bezieht sich auf politische Bewegungen, die den Islam als umfassende Grundlage für die Organisation von Gesellschaft und Staat betrachten. Im Gegensatz zum traditionellen Islam, der sich vor allem auf die persönliche Frömmigkeit konzentriert, strebt der Islamismus an, den Islam als politische Ideologie zu etablieren. Der radikale Islamismus ist eine extreme Form des Islamismus, die oft gewaltsame Mittel unterstützt, um ihre Ziele zu erreichen.

Wichtige ideologische Wurzeln des Islamismus liegen im frühen 20. Jahrhundert, insbesondere in den Schriften von Intellektuellen wie Hassan al-Banna und Sayyid Qutb, den Gründern der Muslimbruderschaft. Qutbs Schriften, vor allem „Meilensteine“, beeinflussten eine Generation von Islamisten und legten den Grundstein für die Idee, dass die muslimische Welt durch einen bewaffneten Dschihad von der als korrupt empfundenen westlichen Vorherrschaft und den als unislamisch angesehenen säkularen Regimen befreit werden müsse.

Ein wesentlicher Faktor für den Aufstieg des radikalen Islamismus war das Ende des europäischen Kolonialismus in der muslimischen Welt. Die Kolonialherrschaft, vor allem durch Großbritannien und Frankreich, führte zu tiefgreifenden sozialen und politischen Veränderungen in vielen muslimischen Ländern. Traditionelle Strukturen wurden zerschlagen, und viele muslimische Gesellschaften sahen sich mit westlichen Werten, Säkularismus und wirtschaftlicher Ausbeutung konfrontiert. Die koloniale Unterdrückung hinterließ ein tiefes Gefühl der Demütigung und des kulturellen Verlustes, dass viele Muslime dazu veranlasste, sich nach einer Rückkehr zu den islamischen Werten und Traditionen zu sehnen.

Nach dem Ende des Kolonialismus gerieten viele neu unabhängige muslimische Staaten unter die Kontrolle von säkularen, autoritären Regimen, die häufig von westlichen Mächten unterstützt wurden. Diese Regime, wie das von Gamal Abdel Nasser in Ägypten oder das von Reza Pahlavi im Iran, unterdrückten islamistische Bewegungen brutal und schufen so einen Nährboden für radikales Gedankengut. Die Enttäuschung über die postkoloniale Ordnung und die wachsende Unzufriedenheit mit der sozialen Ungleichheit und Korruption in vielen dieser Länder führte dazu, dass sich immer mehr Menschen dem Islamismus zuwandten.

Der Aufstieg des radikalen Islamismus ist eng mit den geopolitischen Entwicklungen während des Kalten Krieges verknüpft. Die Rivalität zwischen den USA und der Sowjetunion spielte eine zentrale Rolle bei der Schaffung der Bedingungen, die den Radikalismus förderten.

Ein Schlüsselereignis war die sowjetische Invasion in Afghanistan im Jahr 1979. Im Rahmen des Kalten Krieges unterstützten die USA, Saudi-Arabien und Pakistan die afghanischen Mudschaheddin, eine islamistische Widerstandsbewegung, die gegen die sowjetische Besatzung kämpfte. Diese Unterstützung umfasste finanzielle Mittel, Waffenlieferungen und die Ausbildung von Kämpfern. In diesem Kontext entstand eine transnationale islamistische Bewegung, die die Idee des bewaffneten Dschihad als legitimes Mittel zur Verteidigung des Islam propagierte. Die Rolle der USA bei der Unterstützung der Mudschaheddin, einschließlich der späteren Führer von al-Qaida, zeigt die komplexe und oft paradoxe Dynamik der geopolitischen Interessen, die zur Stärkung des radikalen Islamismus beitrug.

Ein weiteres entscheidendes Ereignis war die Islamische Revolution im Iran 1979. Die Revolution stürzte das säkulare, westlich orientierte Regime des Schahs und führte zur Errichtung eines islamischen Staates unter der Führung von Ayatollah Khomeini. Diese Revolution hatte eine enorme symbolische Bedeutung für Islamisten weltweit, da sie zeigte, dass es möglich war, ein säkulares Regime zu stürzen und eine Regierung zu etablieren, die auf islamischen Prinzipien basierte.

Khomeinis Revolution war jedoch schiitisch geprägt, während die meisten islamistischen Bewegungen sunnitisch sind.

Trotzdem hatte sie einen starken Einfluss auf die radikalislamistischen Bewegungen, da sie den Dschihad als Mittel zur Beseitigung unislamischer Herrschaft legitimierte und die Vorstellung eines islamischen Staates neu belebte.

Eine weitere zentrale Rolle beim Aufstieg des radikalen Islamismus spielte Saudi-Arabien, das seit den 1970er Jahren Milliarden von Dollar in den Export des Wahhabismus investiert hat, einer ultrakonservativen Auslegung des Islam. Durch den Bau von Moscheen, die Finanzierung von Schulen und die Unterstützung islamistischer Gruppen trug Saudi-Arabien dazu bei, dass sich die wahhabitische Ideologie weltweit verbreitete, insbesondere in Regionen wie Südostasien, Afrika und Europa. Diese Ideologie, die eine strikte Einhaltung der Scharia fordert und andere Interpretationen des Islam als Häresie betrachtet, bildete die Grundlage für viele radikal-islamistische Bewegungen.

Der erste Golfkrieg 1990-1991, in dem eine von den USA geführte Koalition Saddam Husseins Irak aus Kuwait vertrieb, hatte ebenfalls tiefgreifende Auswirkungen auf den radikalen Islamismus. Viele Islamisten betrachteten die Stationierung amerikanischer Truppen auf saudi-arabischem Boden, dem Land der beiden heiligsten Stätten des Islam, als eine schwere Beleidigung. Osama bin Laden, der Führer von al-Qaida, nannte diesen Umstand als einen der Hauptgründe für seinen Dschihad gegen die USA. Der Golfkrieg trug dazu bei, antiwestliche Ressentiments in der muslimischen Welt zu schüren und radikale Gruppen zu stärken.

Die Globalisierung und Modernisierung haben den radikalen Islamismus ebenfalls beeinflusst. Der rapide wirtschaftliche und technologische Fortschritt, der oft als „westlich" wahrgenommen wird, führte in vielen muslimischen Ländern zu sozialem und kulturellem Wandel. Viele Menschen fühlten sich durch die rapide Veränderung ihrer traditionellen Lebensweisen bedroht und suchten Zuflucht in religiösen Bewegungen, die eine Rückkehr zu den „wahren" Werten des Islam propagierten.

Die Globalisierung erleichterte zudem die Verbreitung radikaler Ideen. Das Internet und soziale Medien ermöglichten es islamistischen Gruppen, ihre Ideologien weltweit zu verbreiten und neue Anhänger zu rekrutieren. Diese Entwicklung trug maßgeblich zur Bildung von transnationalen Netzwerken des radikalen Islamismus bei.

DIE IDEOLOGIE DES IS: EINE ANALYSE DES RELIGIÖSEN EXTREMISMUS

Der Islamische Staat, auch als „Islamischer Staat im Irak und Syrien" (ISIS) oder „Islamischer Staat im Irak und der Levante" (ISIL) bekannt, hat sich als eine der brutalsten und radikalsten dschihadistischen Gruppen der modernen Zeit etabliert. Obwohl der IS 2014 aufgrund seines rasanten territorialen Wachstums und seiner extremen Gewalt weltweit

Aufmerksamkeit erregte, haben seine ideologischen Wurzeln eine tiefere und komplexere Geschichte. Die Ideologie des IS ist eine Mischung aus religiösem Extremismus, politischem Totalitarismus und militärischem Dschihad, die sich auf eine radikale Interpretation des Islam stützt.

Die Ideologie des IS basiert auf einer ultra-konservativen, puritanischen Interpretation des sunnitischen Islams, insbesondere des Salafismus und Wahhabismus. Diese Strömungen fordern eine wörtliche Auslegung der islamischen Texte – des Korans und der Hadithe – und lehnen jegliche Neuerungen (Bid'ah) in der religiösen Praxis ab, die nach der Zeit des Propheten Mohammed entstanden sind. Der IS geht jedoch weit über den traditionellen Salafismus hinaus, indem er gewaltsame Mittel und einen rigiden Totalitarismus zur Durchsetzung seiner Vision eines „wahren“ islamischen Staates einsetzt.

Der IS sieht sich selbst als die einzige legitime Vertretung des Islams und verurteilt alle anderen islamischen Sekten, insbesondere Schiiten, sowie andere sunnitische Gruppen, die sich seiner Auslegung des Glaubens nicht anschließen. Dies manifestiert sich in der ideologischen Begründung für Massenmorde an Schiiten, Jesiden, Christen und anderen religiösen Minderheiten. Der IS rechtfertigt solche Taten durch eine selektive Lesart der islamischen Quellen, wobei er spezifische Texte als Grundlage für seine Gewalt auswählt und dabei andere Aspekte der islamischen Lehre, die Frieden und Toleranz betonen, ignoriert.

Ein zentrales Element der IS-Ideologie ist der Anspruch, das Kalifat wiederherzustellen. Der Kalif ist in der islamischen Tradition der Nachfolger des Propheten Mohammed und der Führer der gesamten muslimischen Gemeinschaft (Umma). Das Kalifat wurde offiziell 1924 durch die Auflösung des Osmanischen Reiches von der türkischen Regierung abgeschafft, was viele islamistische Denker als symbolischen Verlust der politischen und religiösen Einheit des Islams betrachteten.
Die Ausrufung des Kalifats durch den IS im Juni 2014 war nicht nur ein Propagandaschritt, sondern ein ideologisches Signal, dass der IS die historische und göttlich sanktionierte Ordnung wiederherzustellen beabsichtigt. Durch die Wiederherstellung des Kalifats wollte der IS das muslimische Volk zu einer globalen Einheit unter einem islamischen Führer vereinen, wobei er den Anspruch erhob, alle Muslime weltweit zu repräsentieren und zu leiten. Der Kalif des IS, Abu Bakr al-Baghdadi, erklärte, dass alle Muslime ihm Gehorsam schulden, was einen klaren Bruch mit den modernen Nationalstaaten und politischen Ordnungen in der islamischen Welt darstellte.

Der IS stützt sich stark auf das Konzept des Dschihad, das in der islamischen Tradition verschiedene Bedeutungen hat, von spirituellen Kämpfen bis hin zur militärischen Verteidigung des Islams. Der IS fokussiert sich jedoch ausschließlich auf den militärischen Dschihad als Hauptmittel zur Verwirklichung seiner Ziele. In der Ideologie des IS ist der Dschihad nicht nur eine Option, sondern eine Pflicht für alle Muslime. Der IS definiert den Dschihad als heiligen Krieg gegen alle, die

nicht seiner extremen Interpretation des Islams folgen – sowohl Nichtmuslime als auch abtrünnige Muslime (Takfir).
Das Konzept des Takfir spielt eine zentrale Rolle in der IS-Ideologie. Es bezieht sich auf die Praxis, andere Muslime als Ungläubige zu erklären, wenn sie nicht den strengen Lehren des IS folgen. Der IS benutzt Takfir, um seine Angriffe auf andere Muslime zu legitimieren, einschließlich der massenhaften Ermordung von Schiiten, Sufis und sogar sunnitischen Muslimen, die nicht die strenge Disziplin des IS akzeptieren. Diese Praxis widerspricht den traditionellen islamischen Regeln, die große Zurückhaltung bei der Anwendung des Takfirs vorschreiben.

Neben dem Kalifatsgedanken und dem Dschihad spielt der apokalyptische Messianismus eine wichtige Rolle in der Ideologie des IS. Die Führung des IS interpretiert bestimmte islamische Texte dahingehend, dass der IS eine göttliche Mission zur Vorbereitung der Endzeit hat. Diese apokalyptischen Vorstellungen sind besonders mit dem Hadith verbunden, der die Schlacht von Dabiq, einer kleinen Stadt in Syrien, als Schauplatz einer entscheidenden Konfrontation zwischen Muslimen und Ungläubigen beschreibt, die dem Kommen des Mahdi (eines messianischen Führers) und des Endgerichts vorausgehen soll.

Der IS nutzte diese apokalyptische Vision als Propagandamittel, um seine Anhänger zu motivieren und zu rekrutieren, indem er behauptete, dass sie Teil eines göttlichen Plans seien, der zur endgültigen Wiederherstellung der Gerechtigkeit in der

Welt führen würde. Diese eschatologische Dimension half auch, die extreme Gewalt des IS zu rechtfertigen, da sie als notwendiges Mittel zur Verwirklichung des göttlichen Plans angesehen wurde.

Ein weiterer zentraler Bestandteil der Ideologie des IS ist die Durchsetzung der Scharia, des islamischen Rechts, das der IS in seiner extremsten und rigorosesten Form interpretiert. Der IS betrachtet die Scharia als einzig gültiges Rechtssystem und wendet sie brutal und ohne Rücksicht auf kontextuelle Unterschiede an. Dies umfasst Körperstrafen wie Amputationen und Auspeitschungen, Hinrichtungen von Homosexuellen und Ehebrechern sowie die Versklavung von Frauen, insbesondere derjenigen, die als „Ungläubige“ betrachtet werden.

Die strikte Anwendung der Scharia durch den IS ist Teil seiner breiteren Ideologie, die die Ablehnung moderner Institutionen und Gesetze, insbesondere der westlichen Säkularisierung und Demokratie, umfasst. Für den IS ist Demokratie eine unislamische Erfindung, da sie die Herrschaft Gottes durch die Herrschaft des Volkes ersetzt. Der IS lehnt alle Formen von Rechtsstaatlichkeit ab, die nicht auf seiner extremen Auslegung der Scharia basieren.

DER URSPRUNG DES DSCHIHADISMUS: VON SAYYID QUTB BIS AL-QAIDA

Der Begriff „Dschihadismus“ bezieht sich auf eine radikale Ideologie, die den bewaffneten Kampf als Mittel zur Verbreitung und Verteidigung des Islam rechtfertigt. Die moderne dschihadistische Bewegung, die heute am häufigsten mit Organisationen wie Al-Qaida und dem „Islamischen Staat“ (IS) assoziiert wird. Eine Schlüsselfigur in dieser Entwicklung war der ägyptische Islamist Sayyid Qutb, dessen Ideen die Grundlage für den modernen Dschihadismus legten.

Sayyid Qutb (1906–1966) war ein ägyptischer Schriftsteller, Lehrer und ein führender Denker der Muslimbruderschaft. Seine Schriften, insbesondere „Ma'alim fi al-Tariq“ (Zeichen auf dem Weg), haben eine tiefgreifende Wirkung auf die Entwicklung des modernen islamistischen Denkens gehabt.

Qutb betrachtete die Welt als in einem Zustand der „Jahiliyya“, einem Begriff, der ursprünglich die „Unwissenheit“ vor der Offenbarung des Islam bezeichnete. Er verwendete diesen Begriff jedoch, um die moderne Welt zu beschreiben, die seiner Meinung nach von Materialismus, moralischer Dekadenz und einem Mangel an göttlicher Führung durchdrungen war. Qutb argumentierte, dass die muslimische Gemeinschaft (Umma) von dieser „Jahiliyya“ befreit werden müsse und dass dies nur durch die Rückkehr zu einem reinen, authentischen Islam geschehen könne.

Ein zentraler Aspekt von Qutbs Denken war die Vorstellung des Dschihad als eines „defensiven“ Krieges gegen die Kräfte der Ungläubigkeit und Unterdrückung. Während der Dschihad im traditionellen islamischen Recht in erster Linie als eine kollektive Pflicht (Fard Kifaya) verstanden wurde, die nur unter bestimmten Bedingungen und in einem bestimmten Kontext ausgeübt werden sollte, erweiterte Qutb die Bedeutung des Begriffs. Für ihn war der Dschihad nicht nur eine physische, sondern auch eine ideologische Verpflichtung, die das Ziel hatte, die islamische Ordnung wiederherzustellen und gegen jene zu kämpfen, die sie bedrohten.

Qutbs Ideen fanden in den 1960er Jahren Anklang bei einer neuen Generation von Islamisten, die sich durch die wachsende Frustration über die westliche Vorherrschaft, die koloniale Vergangenheit und die Autoritätsschwäche der muslimischen Staaten radikalisierten. Besonders in Ägypten, wo Qutb selbst unter dem repressiven Regime von Gamal Abdel Nasser inhaftiert und schließlich hingerichtet wurde, entwickelten seine Schriften eine starke Anziehungskraft auf radikale Islamisten.

In den folgenden Jahrzehnten trugen Qutbs Ideen zur Entstehung einer Reihe von radikalen islamistischen Gruppen bei, die den bewaffneten Kampf gegen ihre eigenen Regierungen und gegen den Westen aufnahmen. Zu den bekanntesten Gruppen gehören die Ägyptische Islamische Dschihad (EIJ) und Al-Dschamaa al-Islamiyya, die in den 1970er und 1980er Jahren in Ägypten aktiv waren.

Die Entwicklung des globalen Dschihadismus, wie er von Al-Qaida vertreten wird, kann ohne die Einflüsse von Qutb nicht vollständig verstanden werden. Ein Schlüsselereignis in der Geschichte des modernen Dschihadismus war der sowjetische Einmarsch in Afghanistan 1979. Dieses Ereignis mobilisierte tausende Muslime aus der ganzen Welt, die sich dem „Dschihad“ gegen die sowjetische Besatzung anschlossen.

Unter diesen Kämpfern war Osama bin Laden, ein saudischer Multimillionär, der später die Al-Qaida gründete. Bin Laden und seine Mitstreiter betrachteten den Erfolg des afghanischen Dschihad als einen Beweis für die Macht des bewaffneten Widerstands und die Möglichkeit, größere Ziele zu erreichen, einschließlich der Vertreibung westlicher Mächte aus muslimischen Ländern und der Errichtung eines Kalifats.

Während Qutb die ideologische Grundlage legte, war es bin Laden, der diese Ideen in eine globale Bewegung umsetzte. Die Doktrin der „fernen Feinde“, wie sie von Al-Qaida vertreten wurde, erweiterte die Feindbilder von lokalen Regimen auf globale Mächte, insbesondere die USA und deren Verbündete. Dies führte schließlich zu den Terroranschlägen vom 11. September 2001, die das Gesicht des globalen Terrorismus veränderten und die Welt in die „Ära des Terrorismus“ führten.

DER IS UND DIE FRAGE DES „HEILIGEN KRIEGES“: RELIGIÖSE RECHTFERTIGUNGEN UND IHRE WIDERSPRÜCHE

Der „Heilige Krieg“, oder Dschihad, ist eines der zentralen Konzepte in der Ideologie des Islamischen Staates (IS). Der IS hat das Konzept des Dschihad instrumentalisiert, um seine brutalen Militärkampagnen, Terrorakte und die Schaffung eines islamischen Kalifats zu rechtfertigen. Die Gruppe behauptet, ihre Aktionen stünden im Einklang mit den Lehren des Islam und seien ein notwendiger Schritt zur Wiederherstellung einer „reinen“ islamischen Ordnung. Dennoch gibt es innerhalb der islamischen Gemeinschaft und unter Gelehrten viele Debatten darüber, ob die Interpretation und Anwendung des Dschihads durch den IS legitim ist.

Im Islam bedeutet Dschihad wörtlich „Anstrengung“ oder „Kampf“ und hat je nach Kontext unterschiedliche Bedeutungen. Es gibt zwei Hauptformen des Dschihad: den „großen Dschihad“ (al-dschihād al-akbar) und den „kleinen Dschihad“ (al-dschihād al-asghar). Der große Dschihad bezieht sich auf den inneren spirituellen Kampf eines Muslims, seine Seele zu reinigen und ein Leben im Einklang mit den Geboten Gottes zu führen. Der kleine Dschihad hingegen bezieht sich auf den physischen Kampf zur Verteidigung des Islams, der unter bestimmten Bedingungen als gerechtfertigt gilt, etwa wenn Muslime angegriffen oder unterdrückt werden.

Historisch gesehen hat sich die Bedeutung des kleinen Dschihads im Laufe der Jahrhunderte verändert. In der klassischen islamischen Rechtslehre wird der militärische Dschihad in erster Linie als defensiv angesehen und muss bestimmten ethischen Normen und Bedingungen folgen. Beispielsweise darf er nur unter der Autorität eines legitimen Herrschers erklärt werden und muss die Unterscheidung zwischen Kombattanten und Nichtkombattanten respektieren.

Der IS hat den Dschihad in einer besonders radikalen und aggressiven Form neu definiert. Für den IS ist der Dschihad nicht nur eine defensive Maßnahme, sondern eine offensive Pflicht für alle Muslime, die darauf abzielt, die islamische Herrschaft global wiederherzustellen. Der IS stützt seine Legitimation auf bestimmte Koransuren und Hadithe, die seiner Ansicht nach den bewaffneten Kampf gegen Ungläubige und abtrünnige Muslime rechtfertigen. Besonders oft zitiert der IS den Koranvers 9:5, der als „Schwertvers" bekannt ist: *„Und wenn die heiligen Monate abgelaufen sind, dann tötet die Polytheisten, wo immer ihr sie findet…"*.

Der IS interpretiert diesen und andere Verse als universellen Aufruf zum militanten Kampf gegen alle, die sich nicht seiner extremen Auslegung des Islams unterwerfen. Diese Interpretation steht jedoch in scharfem Gegensatz zu traditionellen Auslegungen des Dschihads, die den „Schwertvers" in den historischen Kontext der frühislamischen Kriege gegen die

Polytheisten in Mekka stellen und nicht als eine universell geltende Richtlinie ansehen.

Ein zentrales Element in der Legitimation des Dschihads durch den IS ist das Konzept des **Takfirs**. Takfir bezeichnet die Praxis, andere Muslime als Ungläubige zu deklarieren, was sie zu legitimen Zielen im Kampf macht. Der IS hat diese Praxis auf extreme Weise ausgeweitet und verwendet sie, um Muslime zu dämonisieren, die nicht seiner Interpretation des Islams folgen. Dies umfasst nicht nur schiitische Muslime, die vom IS als Ketzer angesehen werden, sondern auch sunnitische Muslime, die sich weigern, die Herrschaft des Kalifats anzuerkennen oder sich den strengen Gesetzen des IS zu unterwerfen.

Die Praxis des Takfirs ist innerhalb der islamischen Tradition höchst umstritten. Viele islamische Gelehrte warnen davor, Takfir vorschnell anzuwenden, da dies zu Spaltung und Chaos in der muslimischen Gemeinschaft führen kann. Die Wahllosigkeit, mit der der IS Takfir anwendet, steht in direktem Widerspruch zu diesen Vorsichtsmaßnahmen und wird von den meisten islamischen Gelehrten als illegitim angesehen.

Die religiösen Rechtfertigungen des IS basieren auf einer selektiven und kontextuell verfälschten Interpretation der islamischen Texte. Während der IS sich auf bestimmte Koranverse und Hadithe beruft, um seine Handlungen zu rechtfertigen, ignoriert er gleichzeitig die breiteren ethischen und rechtlichen Prinzipien des Islams, die Gewalt einschränken und den

Schutz von Zivilisten betonen. Ein klassisches Beispiel für diese Widersprüche ist die Frage der Unterscheidung zwischen Kombattanten und Nichtkombattanten.

Die islamische Kriegsrechtstradition legt großen Wert auf den Schutz von Nichtkombattanten, insbesondere Frauen, Kindern, Alten und religiösen Minderheiten. Der Prophet Mohammed selbst stellte Regeln für den Umgang mit Feinden im Krieg auf, die beispielsweise die Tötung von Frauen und Kindern sowie die mutwillige Zerstörung von Eigentum und Infrastruktur untersagten. Der IS jedoch hat diese Grundsätze vollständig außer Kraft gesetzt, indem er gezielte Angriffe auf Zivilisten durchführt, einschließlich Massenhinrichtungen, Selbstmordattentate und die Versklavung von Frauen und Kindern. Solche Taten stehen im Widerspruch zu den ethischen Geboten der Scharia und haben zu heftiger Kritik von islamischen Gelehrten weltweit geführt.

Der IS verwendet den Dschihad nicht nur als religiöse Pflicht, sondern auch als politisches Werkzeug. Der „Heilige Krieg“ des IS zielt darauf ab, die bestehenden politischen Strukturen zu destabilisieren und eine theokratische Ordnung zu schaffen, die auf der extremistischen Auslegung der Scharia beruht. Der IS legitimiert seine Angriffe auf westliche Staaten und Regierungen in der muslimischen Welt, indem er sie als unislamisch und korrupt darstellt, die vom Westen beeinflusst und somit illegitim seien. Die politischen Motive des IS werden dabei durch die religiöse Rhetorik des Dschihads verschleiert, was es der Gruppe ermöglicht, Anhänger zu mobilisieren, die

an den spirituellen und eschatologischen Dimensionen des Kampfes glauben.
Die Strategie des IS besteht darin, eine Atmosphäre der Angst und des Chaos zu schaffen, die seine Herrschaft als einzige Lösung für die Wiederherstellung von Ordnung und Gerechtigkeit erscheinen lässt. Gleichzeitig nutzt der IS die Symbolik des „Heiligen Krieges", um seine Anhänger zu einem totalen und kompromisslosen Engagement für seine Ziele zu verpflichten, was die extreme Brutalität und den Fanatismus erklärt, der die Gruppe charakterisiert.

Während der IS behauptet, der wahre Vertreter des Islams zu sein, gibt es bedeutenden Widerstand aus der islamischen Welt gegen seine Ideologie und Praxis. Zahlreiche prominente islamische Gelehrte haben Fatwas und Erklärungen veröffentlicht, die den IS als illegitim und unislamisch verurteilen. Der Amman-Message, eine Initiative islamischer Gelehrter, die den Missbrauch islamischer Lehren durch Extremisten verurteilt, widerspricht ausdrücklich der Praxis des Takfirs und betont die Einheit der muslimischen Gemeinschaft.

Darüber hinaus haben sowohl sunnitische als auch schiitische Gelehrte den IS dafür kritisiert, den Begriff des Dschihads zu missbrauchen, indem er ihn in einen universellen Kriegsaufruf verwandelt, der die Grundlagen des Islams verzerrt. Die al-Azhar-Universität in Kairo, eine der angesehensten Institutionen des sunnitischen Islams, hat wiederholt erklärt, dass die Handlungen des IS mit den Lehren des Islams unvereinbar sind und dass der IS nicht die Autorität hat, das Kalifat auszurufen oder Dschihad zu erklären.

DER ZERFALL DES IRAK UND DIE GEBURT DES ISLAMISCHEN STAATES

Der Zerfall des Irak und die Entstehung des „Islamischen Staates" (IS) gehören zu den bedeutendsten Ereignissen in der jüngeren Geschichte des Nahen Ostens. Diese Entwicklung war das Ergebnis einer komplexen Mischung aus politischen, sozialen und militärischen Faktoren, die über mehrere Jahrzehnte hinweg zusammenwirkten. Der Zusammenbruch staatlicher Institutionen, tief verwurzelte ethnische und religiöse Spannungen sowie die Intervention externer Mächte trugen alle dazu bei, ein Umfeld zu schaffen, in dem der IS aufsteigen konnte.

Um den Zerfall des Irak zu verstehen, muss man die politische und soziale Struktur des Landes vor 2003 betrachten. Der Irak war ein Staat, der von tiefen ethnischen und konfessionellen Spannungen geprägt war. Die drei Hauptgruppen – die schiitischen Araber, die sunnitischen Araber und die Kurden – standen oft in einem angespannten Verhältnis zueinander. Seit dem Ende des Ersten Weltkriegs und der Errichtung des modernen irakischen Staates durch das britische Mandat war das Land von einem ständigen Machtkampf zwischen diesen Gruppen geprägt.

Die Herrschaft der Baath-Partei, insbesondere unter Saddam Hussein, verstärkte diese Spannungen. Das sunnitische Regime von Saddam unterdrückte die schiitische Mehrheit und die kurdische Minderheit mit brutaler Gewalt, was zu einer tiefen Spaltung innerhalb der irakischen Gesellschaft führte. Trotz dieser inneren Spannungen blieb der Irak jedoch ein funktionierender Staat, wenn auch autoritär und repressiv.

Die US-geführte Invasion des Irak im Jahr 2003 markierte einen Wendepunkt in der Geschichte des Landes. Der Sturz von Saddam Hussein führte zu einem Machtvakuum, das durch den raschen Zusammenbruch der staatlichen Institutionen noch verschärft wurde. Die Entscheidung der US-Verwaltung, die irakische Armee aufzulösen und Mitglieder der Baath-Partei aus dem öffentlichen Leben zu entfernen (sogenannte „De-Baathifizierung"), hinterließ das Land ohne eine funktionierende Regierung und führte zur Entfremdung und Radikalisierung vieler Sunniten, die sich plötzlich ohne Macht und Perspektive wiederfanden.

Die darauffolgenden Jahre waren durch einen blutigen Bürgerkrieg zwischen sunnitischen und schiitischen Milizen gekennzeichnet. Die schiitisch dominierte Regierung, die nach den ersten demokratischen Wahlen gebildet wurde, wurde von vielen Sunniten als illegitim und sektiererisch angesehen. Diese Spannungen wurden weiter verschärft durch das Eingreifen externer Akteure, insbesondere durch den Iran, die schiitischen Milizen unterstützte, und die USA, die versuchten, die neue Regierung zu stabilisieren.

In diesem chaotischen Umfeld entstand die Gruppe, die später als Islamischer Staat (IS) bekannt werden sollte. Der Ursprung des IS liegt in der jordanischen Terrorgruppe al-Tawhid wal-Jihad, die 1999 von Abu Musab al-Zarqawi gegründet wurde. Diese Gruppe schloss sich später Al-Qaida an und operierte unter dem Namen „Al-Qaida im Irak“ (AQI). Al-Zarqawis Gruppe war für einige der blutigsten Anschläge im Irak nach 2003 verantwortlich, darunter zahlreiche Selbstmordattentate gegen schiitische Zivilisten, die den konfessionellen Konflikt weiter anheizten.

Nach al-Zarqawis Tod im Jahr 2006 und der Verschmelzung verschiedener sunnitischer Gruppen wurde die „Islamische Staat im Irak“ (ISI) gegründet. Diese Gruppe verstand sich als Vorreiter eines sunnitischen Aufstands gegen die schiitisch dominierte irakische Regierung und die US-Besatzung. Dennoch blieb der ISI lange Zeit eine Randerscheinung, bis sich die geopolitische Landschaft im Nahen Osten erneut veränderte.

Der Ausbruch des Bürgerkriegs in Syrien 2011 bot dem ISI die Gelegenheit, seine Macht auszuweiten. Die syrische Krise schuf ein ähnliches Machtvakuum wie zuvor im Irak, und der ISI nutzte dies, um sich in den unkontrollierten Gebieten Syriens festzusetzen. 2013 verkündete die Gruppe unter ihrem neuen Anführer Abu Bakr al-Baghdadi die Gründung des „Islamischen Staates im Irak und der Levante“ (ISIL oder ISIS).

ISIS profitierte von der Schwäche der syrischen Regierung und der zunehmenden Radikalisierung in den von der Opposition kontrollierten Gebieten. Die Gruppe eroberte schnell Territorien und gewann durch ihre Brutalität und ihre ausgeklügelten Propagandastrategien an Einfluss. Die Einnahme der irakischen Stadt Mosul im Juni 2014 markierte den Höhepunkt dieses Aufstiegs. Al-Baghdadi rief im Anschluss daran das Kalifat aus und änderte den Namen der Gruppe in „Islamischer Staat" (IS).

Der Zerfall des irakischen Staates und die Geburt des IS waren eng mit den Fehlern der US-Politik und der sektiererischen Politik der irakischen Regierung verbunden. Der Ausschluss der sunnitischen Araber von der politischen Macht und die Marginalisierung ihrer Gemeinden schufen den Nährboden für den Aufstieg radikaler Gruppen wie dem IS. Der Rückzug der US-Truppen 2011, ohne dass eine stabile politische Ordnung im Irak etabliert worden war, verstärkte das Machtvakuum und ermöglichte es dem IS, sich als Verteidiger der sunnitischen Gemeinschaft zu präsentieren.

Zudem spielte der Iran eine ambivalente Rolle, indem er schiitische Milizen unterstützte, die zwar effektiv gegen den IS kämpften, aber auch die sektiererischen Spannungen weiter anheizten. Die türkische Politik, die lange Zeit islamistische Gruppen in Syrien unterstützte, und die zögerliche Haltung der westlichen Mächte trugen ebenfalls zur Komplexität des Konflikts bei.

DER AUFSTIEG VON ABU BAKR AL-BAGHDADI: VOM SCHATTENMANN ZUM KALIFEN

Abu Bakr al-Baghdadi, geboren als Ibrahim Awwad Ibrahim al-Badri al-Samarrai, wurde als Anführer des „Islamischen Staates“ (IS) weltweit bekannt. Sein Aufstieg vom weitgehend unbekannten Prediger zum selbsternannten „Kalifen“ markiert einen entscheidenden Moment in der Geschichte des globalen Dschihadismus. Al-Baghdadi nutzte geschickt die politischen, sozialen und religiösen Spannungen im Irak und Syrien, um eine der brutalsten und einflussreichsten Terrororganisationen der modernen Geschichte zu formen.

Abu Bakr al-Baghdadi wurde 1971 in der Stadt Samarra, nördlich von Bagdad, geboren. Seine Familie gehörte dem sunnitischen Arabertum an, und es wird behauptet, dass seine Abstammung auf den Propheten Mohammed zurückgeführt werden könne, was ihm in traditionellen islamischen Gesellschaften besonderen Respekt verschaffte. Al-Baghdadi wuchs in einer Zeit erheblicher politischer und sozialer Umwälzungen auf, die den Irak prägten.

Er studierte islamische Theologie an der Universität von Bagdad und erwarb einen Doktortitel in islamischen Studien mit einem Schwerpunkt auf Koranwissenschaften und Scharia. Diese akademische Ausbildung verlieh ihm eine tiefe Kenntnis des islamischen Rechts und der Theologie, was ihm später half, seine Rolle als religiöser Führer des IS zu legitimieren.

Al-Baghdadis Eintritt in den radikalen Islamismus vollzog sich schrittweise. In den 1990er Jahren schloss er sich dschihadistischen Kreisen an, doch er blieb weitgehend im Hintergrund. Die politische Landschaft des Irak änderte sich jedoch drastisch nach der US-geführten Invasion 2003. Der Sturz von Saddam Hussein und die darauffolgende Besetzung führten zu einem Machtvakuum und einer Welle von Gewalt, die al-Baghdadi und viele andere radikalisierte Sunniten als Gelegenheit sahen, ihren Einfluss auszubauen.

Al-Baghdadi wurde während dieser Zeit Mitglied von „Al-Qaida im Irak“ (AQI), einer Gruppe, die von Abu Musab al-Zarqawi gegründet wurde. Zarqawis AQI war bekannt für ihre extreme Brutalität und ihren Hass auf Schiiten, was zur Eskalation des konfessionellen Konflikts im Irak beitrug. Nach al-Zarqawis Tod im Jahr 2006 wurde die Gruppe in „Islamischer Staat im Irak“ (ISI) umbenannt.

Nach dem Tod mehrerer Anführer der ISI in den Jahren 2006 und 2010 stieg al-Baghdadi rasch in der Hierarchie der Gruppe auf. 2010 übernahm er schließlich die Führung der ISI. Unter seiner Leitung begann die Gruppe, ihre Aktivitäten auszuweiten und sich besser zu organisieren. Al-Baghdadi legte großen Wert darauf, dass der ISI nicht nur als Terrorgruppe, sondern als eine Art Proto-Staat wahrgenommen wurde, der in der Lage war, territoriale Kontrolle auszuüben und ein strenges islamisches Rechtssystem durchzusetzen.

Eine entscheidende Wende in al-Baghdadis Strategie kam mit dem Ausbruch des Bürgerkriegs in Syrien 2011. Der Konflikt bot dem ISI die Möglichkeit, sich in Syrien auszubreiten und neue Rekruten und Ressourcen zu gewinnen. Al-Baghdadi schickte 2013 Kämpfer nach Syrien und erklärte die Gründung des „Islamischen Staates im Irak und der Levante“ (ISIL oder ISIS). Dies führte zu Spannungen mit anderen dschihadistischen Gruppen in der Region, insbesondere mit der syrischen Al-Nusra-Front, die sich Al-Qaida gegenüber loyal erklärte. Al-Baghdadi behauptete jedoch, dass seine Organisation die wahre Nachfolge von Al-Qaida darstelle, was zu einem offenen Bruch mit der Al-Qaida-Führung führte.

Der Höhepunkt von al-Baghdadis Aufstieg kam im Juni 2014, als seine Kämpfer die irakische Stadt Mosul eroberten, die zweitgrößte Stadt des Landes. Dieser Sieg schockierte die Welt und führte zur Ausrufung des Kalifats durch al-Baghdadi, der sich selbst zum „Kalifen Ibrahim“ ernannte. In einer Moschee in Mosul trat er öffentlich auf und forderte Muslime weltweit auf, ihm Treue zu schwören.

Die Ausrufung des Kalifats war ein bedeutender Moment in der modernen Geschichte des Dschihadismus. Al-Baghdadi beanspruchte damit die Führerschaft über die gesamte muslimische Welt, basierend auf dem Anspruch, ein islamisches

Reich wiederherzustellen, das im Einklang mit den Lehren des Propheten Mohammed und seiner frühen Nachfolger regiert werden sollte. Dieser Schritt verlieh dem IS eine beispiellose Anziehungskraft, die tausende von Dschihadisten aus aller Welt anzog, die in das sogenannte „Kalifat“ strömten, um für al-Baghdadi zu kämpfen.

Unter al-Baghdadis Führung erlebte der IS eine Phase aggressiver Expansion und extremer Gewalt. Die Gruppe eroberte große Teile des Irak und Syriens und errichtete ein brutales Regime, das auf einer strengen Interpretation der Scharia basierte. Öffentliche Hinrichtungen, Massenmorde, Versklavungen und andere Gräueltaten waren an der Tagesordnung. Al-Baghdadi und seine Anhänger setzten gezielt auf die Schockwirkung ihrer Gewalt, um Angst zu verbreiten und ihre Macht zu festigen.

Der IS nutzte zudem moderne Kommunikationsmittel und soziale Medien, um seine Propaganda weltweit zu verbreiten. Diese Strategie half der Gruppe, eine globale Anhängerschaft zu gewinnen und Anschläge außerhalb des Nahen Ostens zu inspirieren. Al-Baghdadis Image als unerschrockener und unnachgiebiger Anführer wurde sorgfältig gepflegt, obwohl er selbst nur selten öffentlich in Erscheinung trat.

Trotz seines schnellen Aufstiegs begann der IS ab 2015 unter militärischem Druck zu stehen. Eine internationale Koalition unter Führung der USA sowie die Streitkräfte Syriens, des Irak und kurdischer Milizen starteten eine Reihe von Gegenoffensiven, die den IS nach und nach aus seinen Hochburgen verdrängten. Bis 2019 hatte der IS fast alle seine territorialen Eroberungen verloren.

Am 27. Oktober 2019 wurde Abu Bakr al-Baghdadi bei der US-Militäroperation Kayla Mueller in der syrischen Provinz Idlib getötet. Sein Tod wurde als ein bedeutender Sieg im Kampf gegen den IS gefeiert, obwohl die Ideologie und Netzwerke, die er geschaffen hatte, weiterhin bestehen blieben. Die Nachfolge al-Baghdadis innerhalb des IS blieb umstritten, und die Gruppe war gezwungen, in den Untergrund zu gehen, während sie versuchte, sich neu zu formieren.

DIE EROBERUNG VON MOSUL: EIN WENDEPUNKT IM NAHEN OSTEN

Die Eroberung von Mosul durch den „Islamischen Staat" (IS) im Juni 2014 markierte einen bedeutenden Wendepunkt in der Geschichte des Nahen Ostens. Mosul, die zweitgrößte Stadt des Irak, fiel überraschend schnell in die Hände der Dschihadisten und wurde zum Symbol für das Versagen der irakischen Regierung sowie der internationalen Gemeinschaft, die Bedrohung durch den IS rechtzeitig zu erkennen und zu bekämpfen. Die Einnahme Mosuls führte zu weitreichenden Konsequenzen: Sie stärkte den IS erheblich, verschärfte die Instabilität in der Region und veränderte die geopolitische Landschaft des Nahen Ostens.

Nach dem Sturz von Saddam Hussein im Jahr 2003 und der Besetzung des Landes durch die USA geriet der Irak in eine Phase schwerer politischer Instabilität und sektiererischer Gewalt. Die schiitisch dominierte Regierung von Nouri al-Maliki, die nach den ersten demokratischen Wahlen an die Macht kam, verfolgte eine Politik der Marginalisierung der sunnitischen Bevölkerung, die früher unter Saddam Hussein die privilegierte Gruppe gewesen war.

Diese politische Ausgrenzung und die systematische Diskriminierung führten zu einer tiefen Unzufriedenheit unter den Sunniten, die sich zunehmend von der Zentralregierung in Bagdad entfremdeten. In diesem Umfeld fand der IS, der seine Ursprünge im al-Qaida-Netzwerk hatte, einen fruchtbaren Boden für seine Ideologie. Unter der Führung von Abu Bakr al-Baghdadi nutzte der IS das Machtvakuum und die weit verbreitete Unzufriedenheit aus, um seine Anhängerschaft und militärische Kapazitäten zu erweitern.

Im Jahr 2014 erlebte der IS eine Phase rapide wachsender Stärke. Der Bürgerkrieg in Syrien, der seit 2011 tobte, hatte es dem IS ermöglicht, sich in den unkontrollierten Gebieten Syriens festzusetzen und von dort aus seine Operationen in den Irak auszudehnen. Zu Beginn des Jahres 2014 hatte der IS bereits mehrere Städte in der irakischen Provinz Anbar erobert, darunter Falludscha, eine symbolträchtige Stadt, die während des Irakkriegs Schauplatz heftiger Kämpfe gewesen war.

Am 4. Juni 2014 begann der IS eine Offensive auf Mosul, die Hauptstadt der Provinz Ninive. Die Offensive kam für die irakischen Streitkräfte überraschend, und innerhalb weniger Tage war die Stadt gefallen. Am 10. Juni 2014 erklärte der IS die vollständige Kontrolle über Mosul. Die Einnahme der Stadt verlief erstaunlich schnell und wurde durch die schlechten moralischen und organisatorischen Zustände der irakischen Armee begünstigt. Berichte sprechen davon, dass die irakischen Soldaten in Panik flohen, teilweise ihre Uniformen ablegten und ihre Waffen zurückließen, während der IS die Stadt nahezu ungehindert übernahm.

Die Eroberung von Mosul wurde von der internationalen Gemeinschaft mit Schock und Unglauben wahrgenommen. Die Tatsache, dass eine kleine Gruppe von IS-Kämpfern in der Lage war, eine so bedeutende Millionen Stadt einzunehmen, war ein klares Zeichen für das Versagen der irakischen Sicherheitskräfte und der Regierung von Premierminister al-Maliki. Noch bedeutsamer war, dass der IS bei der Einnahme Mosuls riesige Mengen an Waffen und militärischer Ausrüstung erbeutete, die von den fliehenden irakischen Streitkräften zurückgelassen worden waren. Dazu gehörten unter anderem schwere Waffen, gepanzerte Fahrzeuge und sogar US-gefertigte Humvees, was die militärische Schlagkraft des IS erheblich erhöhte.

Kurz nach der Eroberung von Mosul verkündete Abu Bakr al-Baghdadi am 29. Juni 2014 die Gründung eines Kalifats und ernannte sich selbst zum „Kalifen Ibrahim". Dies geschah in der Großen Moschee von al-Nuri in Mosul, was die Stadt zum symbolischen Zentrum des neu ausgerufenen „Islamischen

Staates“ machte. Mit der Ausrufung des Kalifats beanspruchte al-Baghdadi nicht nur die Führerschaft über die globale dschihadistische Bewegung, sondern auch über die gesamte muslimische Welt, basierend auf dem Anspruch, das „richtige“ islamische Staatswesen wiederherzustellen.

Die Ausrufung des Kalifats war ein bedeutendes Propagandainstrument für den IS. Sie zog Tausende von Dschihadisten aus aller Welt an, die nach Mosul und andere Gebiete strömten, die vom IS kontrolliert wurden. Der IS stellte sich als Verteidiger des sunnitischen Islam gegen das, was er als schiitische Unterdrückung und westliche Einmischung ansah, dar, was seine Anziehungskraft in der sunnitischen Welt weiter verstärkte.

Die Einnahme von Mosul hatte tiefgreifende Auswirkungen auf die regionale und globale Sicherheitslage. Die Fähigkeit des IS, eine so wichtige Stadt zu kontrollieren und ein Kalifat auszurufen, stellte eine beispiellose Bedrohung für die Stabilität im Nahen Osten dar. Mosul wurde zum administrativen und militärischen Zentrum des IS, von wo aus die Gruppe ihre Expansion sowohl im Irak als auch in Syrien fortsetzte.

Die Einnahme von Mosul hatte auch verheerende humanitäre Folgen. Hunderttausende Menschen flohen aus der Stadt, während diejenigen, die blieben, unter der brutalen Herrschaft des IS litten. Der IS führte in Mosul und anderen besetzten Gebieten eine rigide Interpretation der Scharia ein, mit öffentlichen Hinrichtungen, Folter und Versklavung von Minderheiten wie den Jesiden. Die Zerstörung kultureller Stätten, darunter die Große Moschee von al-Nuri, und die systematische Ausbeutung von Ressourcen durch den IS verschärften das Leid der Bevölkerung weiter.

International führte die Eroberung von Mosul zu einer verstärkten Militärintervention gegen den IS. Die USA und ihre Verbündeten begannen, Luftangriffe auf IS-Stellungen zu fliegen, während sie gleichzeitig versuchten, lokale Partner wie die irakische Armee und kurdische Peschmerga-Milizen zu stärken. Die Bildung einer internationalen Koalition gegen den IS war direkt durch den Fall von Mosul und die anschließende Ausrufung des Kalifats motiviert.

Obwohl der IS nach der Einnahme von Mosul beträchtliche territoriale Gewinne erzielte, begann seine Machtbasis ab 2015 zu erodieren. Die irakischen Streitkräfte, unterstützt von kurdischen Milizen und der internationalen Koalition, starteten eine Reihe von Gegenoffensiven, um das Land zurückzuerobern. Der Kampf um Mosul, der im Oktober 2016 begann, wurde zu einer der längsten und blutigsten Schlachten im Krieg gegen den IS.

Im Juli 2017 verkündete die irakische Regierung schließlich die vollständige Befreiung von Mosul. Die Stadt lag jedoch in Trümmern, und die humanitären und infrastrukturellen Herausforderungen waren enorm. Die Rückeroberung von Mosul markierte das Ende des territorialen Kalifats des IS im Irak, aber die Gruppe blieb als Guerillabewegung aktiv und eine anhaltende Bedrohung für die regionale Stabilität.

Entwicklung der territorialen Kontrolle des IS zwischen Oktober 2014 und Mai 2016

- Vom IS kontrollierte Gebiete in Syrien und im Irak
- Von syrischen Rebellen kontrolliert
- Von syrischer Regierung kontrolliert
- Von al-Nusra-Front (Hai at Tahrr asch-Scham) kontrolliert
- Von irakischer Regierung kontrolliert
- Von syrischen Kurden kontrolliert
- Von irakischen Kurden kontrolliert

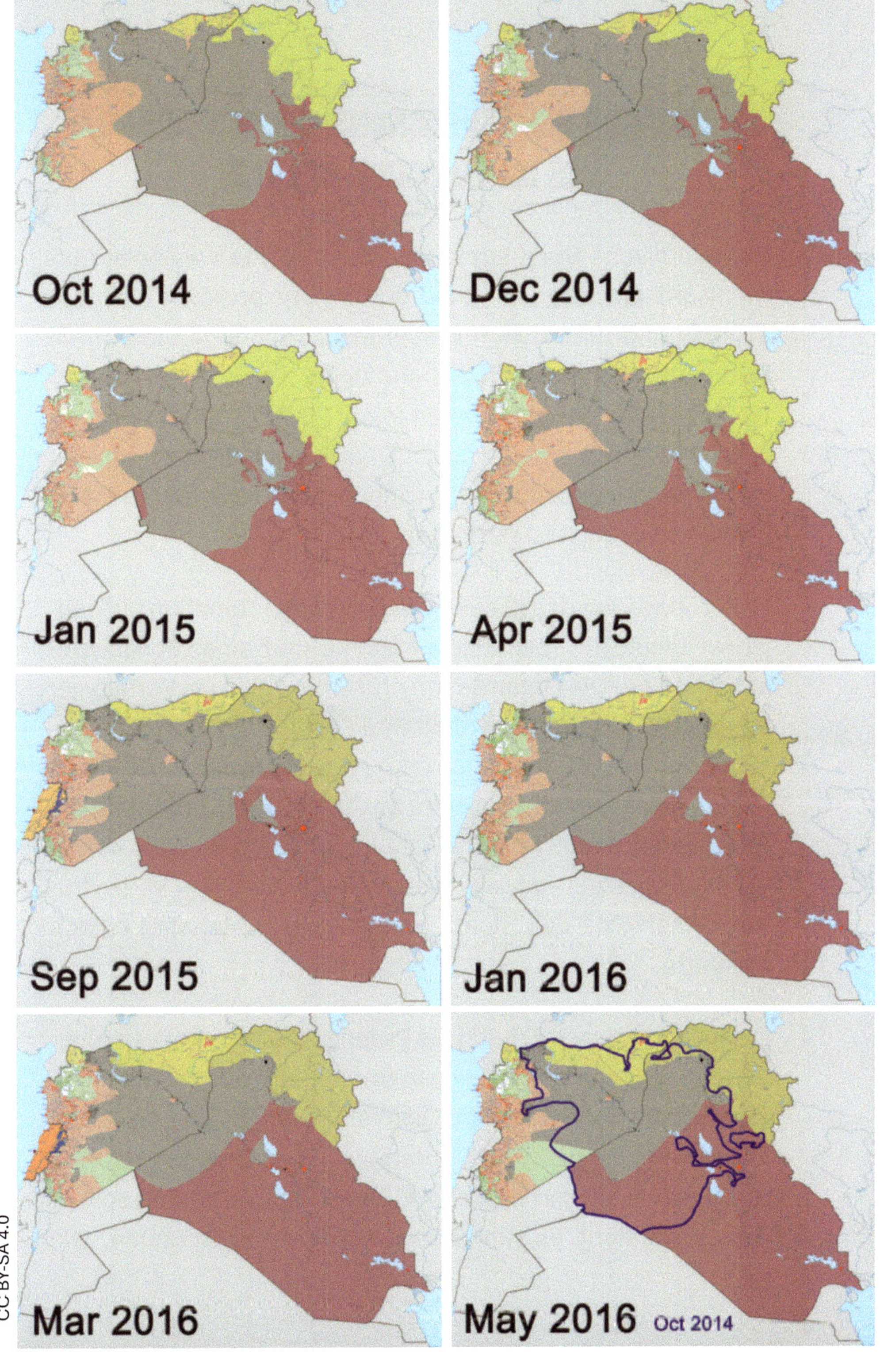
Oct 2014
Dec 2014
Jan 2015
Apr 2015
Sep 2015
Jan 2016
Mar 2016
May 2016
Oct 2014

KAMPAGNE DES SCHRECKENS: DIE PROPAGANDA DES ISLAMISCHEN STAATES

Der Islamische Staat hat in den letzten Jahren weltweit Aufmerksamkeit erregt, nicht nur durch seine brutalen Terroranschläge und territorialen Eroberungen, sondern auch durch seine ausgeklügelten Medienstrategien. Die Propaganda des IS gilt als eine der effektivsten in der Geschichte des modernen Terrorismus und hat es der Organisation ermöglicht, eine globale Anhängerschaft zu gewinnen, neue Rekruten zu mobilisieren und Angst zu verbreiten.

Die Propaganda des IS basiert auf einer Kombination aus religiöser Ideologie, militärischer Stärke und einer apokalyptischen Vision. Die Organisation präsentiert sich als Verteidiger des „wahren Islam" und stellt ihre Feinde – ob westliche Regierungen, regionale Rivalen oder religiöse Minderheiten – als Feinde des Islam dar, die es zu bekämpfen gilt. Zentral für die Propaganda des IS ist die Vorstellung, dass der IS das Kalifat wiederhergestellt hat, ein islamisches Reich, das in der frühen Geschichte des Islam unter den rechtgeleiteten Kalifen existierte.

Diese Ideologie wird durch die Propaganda des IS in verschiedenen Formaten und Medien vermittelt, um unterschiedliche Zielgruppen anzusprechen. Dies reicht von religiösen Predigten und politischen Botschaften bis hin zu brutalen Hinrichtungsvideos, die gezielt Schock und Furcht verbreiten sollen. Der IS versteht es, komplexe Narrative zu schaffen, die sowohl historische Bezüge als auch aktuelle politische Ereignisse einbeziehen, um seine Ideologie zu rechtfertigen und seine Anhänger zu motivieren.

Ein zentrales Merkmal der IS-Propaganda ist die hohe Qualität ihrer Medienproduktionen. Der IS hat erhebliche Ressourcen in den Aufbau einer professionellen Medieninfrastruktur investiert. Diese umfasst mehrere Medienabteilungen, darunter Al-Hayat Media Center, das für die Produktion von Propagandavideos, Magazinen und anderen Veröffentlichungen zuständig ist. Die Videos des IS zeichnen sich durch eine professionelle Kameraführung, sorgfältig ausgewählte Musik und eine durchdachte Inszenierung aus, die die Brutalität der Gruppe auf eine Weise darstellt, die sowohl Schock als auch Bewunderung hervorrufen soll.

Ein Beispiel für diese Medienproduktion ist das Magazin „Dabiq", das in mehreren Sprachen veröffentlicht wurde. Es richtete sich an potenzielle Rekruten und Sympathisanten weltweit und vermittelte die Ideologie des IS durch Artikel, Interviews und Berichte über die „Erfolge" des IS auf dem Schlachtfeld. Auch die grafische Gestaltung und die Wahl der Themen in „Dabiq" und anderen Publikationen spiegeln eine tiefe Kenntnis moderner Kommunikationstechniken wider.

Ein weiterer Schlüssel zum Erfolg der IS-Propaganda ist die geschickte Nutzung sozialer Netzwerke. Der IS war eine der ersten Terrororganisationen, die das volle Potenzial von Plattformen wie Twitter, Facebook, YouTube und später auch Telegram erkannte und nutzte, um seine Botschaften zu verbreiten. Soziale Netzwerke boten dem IS nicht nur eine globale Reichweite, sondern auch die Möglichkeit, direkt mit potenziellen Anhängern und Rekruten zu interagieren.

Besonders auffällig ist die Art und Weise, wie der IS soziale Netzwerke nutzte, um seine Inhalte viral zu verbreiten. IS-Anhänger wurden ermutigt, Inhalte zu teilen, zu kommentieren und weiterzuverbreiten, was zu einer Art „Schwarmstrategie“ führte, bei der eine große Anzahl von Konten gleichzeitig Propaganda verbreitete und es schwierig machte, diese vollständig zu unterbinden. Diese Strategie ermöglichte es dem IS, seine Botschaften schnell und effektiv an ein globales Publikum zu bringen, selbst wenn einzelne Konten oder Videos von den Plattformen gelöscht wurden.

Ein bemerkenswertes Beispiel ist die Kampagne, die der IS nach der Eroberung von Mosul im Juni 2014 startete. Innerhalb weniger Tage wurde das Internet mit Bildern, Videos und Nachrichten über den „Sieg“ des IS überflutet, was die Gruppe als unaufhaltsame Kraft darstellte und potenzielle Rekruten aus der ganzen Welt anzog.

Die Propaganda des IS zeichnet sich durch eine gezielte Ansprache unterschiedlicher Zielgruppen aus. Der IS hat erkannt, dass verschiedene demografische Gruppen – ob junge Männer im Nahen Osten, konvertierte Muslime in Europa oder Frauen, die eine Rolle im „Kalifat“ suchen – unterschiedliche Motivationen und Erwartungen haben. Um diesen unterschiedlichen Gruppen gerecht zu werden, produziert der IS maßgeschneiderte Inhalte.

Für junge Männer, die oft die Hauptzielgruppe für militärische Rekrutierung sind, produziert der IS-Videos, die die „Heldentaten“ der Kämpfer glorifizieren und das Märtyrertum verherrlichen. Diese Videos kombinieren gewalttätige Szenen mit heroischer Musik und religiösen Zitaten, um die Zuschauer emotional zu fesseln und zu radikalisieren.

Für Frauen hat der IS eine andere Art von Propaganda entwickelt, die die Rolle der Frau im Kalifat betont. Hierzu gehören Inhalte, die die „ideale“ muslimische Ehefrau und Mutter darstellen, die im Kalifat lebt und ihre Kinder im Sinne des IS erzieht. Diese Propaganda zielt darauf ab, Frauen dazu zu ermutigen, sich dem IS anzuschließen und aktiv an der Errichtung und Aufrechterhaltung des Kalifats teilzunehmen.

Die Propaganda des IS richtet sich auch gezielt an westliche Muslime, insbesondere an solche, die sich entfremdet oder diskriminiert fühlen. Der IS versucht, diese Individuen zu überzeugen, dass sie im Kalifat eine „Heimat“ und eine Gemeinschaft finden, die ihnen im Westen verwehrt bleibt. Diese Propaganda nutzt gezielt die Frustration und den Ärger über soziale Ungerechtigkeit und Diskriminierung, um Radikalisierung zu fördern.

Die Propaganda des IS ist reich an Symbolik und historischen Bezügen. Der IS versteht sich als direkter Nachfolger des ersten islamischen Kalifats, und diese historische Verbindung wird in der Propaganda immer wieder hervorgehoben. Der Name des Magazins „Dabiq“ beispielsweise bezieht sich auf eine Prophezeiung über eine entscheidende Schlacht zwischen Muslimen und „Ungläubigen“ in der syrischen Stadt Dabiq, die als Vorzeichen für das Ende der Zeiten und den Triumph des Islam gilt.

Diese Rückgriffe auf die islamische Geschichte sollen nicht nur die Legitimität des IS erhöhen, sondern auch eine emotionale Verbindung zu den Gläubigen herstellen, die sich durch das Gefühl der Kontinuität und des historischen Schicksals motiviert fühlen sollen. Der IS nutzt diese Narrative, um seine Kämpfer zu mobilisieren und das Bild eines unvermeidlichen Sieges zu zeichnen, dass selbst in Zeiten militärischer Niederlagen und Rückschläge Hoffnung und Durchhaltevermögen fördern soll.

Die Propaganda des IS hat weitreichende Auswirkungen auf die globale Sicherheit. Die Fähigkeit des IS, Anhänger und Kämpfer aus der ganzen Welt zu rekrutieren, hat die Organisation in die Lage versetzt, Anschläge in verschiedenen Ländern zu verüben und eine globale Bedrohung darzustellen. Gleichzeitig hat die Propaganda des IS das Potenzial, einsame Wölfe zu radikalisieren – Einzelpersonen, die im Namen des IS-Anschläge verüben, ohne direkten Kontakt zur Organisation zu haben.

Diese Art der Radikalisierung stellt die Sicherheitsdienste vor enorme Herausforderungen. Traditionelle Überwachungs- und Präventionsstrategien sind oft nicht ausreichend, um die Verbreitung extremistischer Inhalte im Internet zu verhindern oder um radikalisierte Individuen rechtzeitig zu identifizieren. Darüber hinaus hat die Propaganda des IS die Debatte über die Rolle sozialer Netzwerke bei der Verbreitung extremistischer Inhalte verschärft. Viele Plattformen stehen unter zunehmendem Druck, effektiver gegen die Verbreitung von Terrorpropaganda vorzugehen, stehen jedoch vor dem Dilemma, zwischen Meinungsfreiheit und Sicherheit abzuwägen.

Angesichts der Bedrohung durch die IS-Propaganda haben Regierungen und internationale Organisationen verschiedene Maßnahmen ergriffen, um der Verbreitung extremistischen Gedankenguts entgegenzuwirken. Eine dieser Maßnahmen ist die verstärkte Überwachung und das Entfernen von extremistischen Inhalten aus sozialen Netzwerken. Plattformen wie Twitter und Facebook haben ihre Richtlinien verschärft und arbeiten zunehmend mit Regierungen zusammen, um terroristische Inhalte zu identifizieren und zu löschen.

Gleichzeitig gibt es Bemühungen, Gegenpropaganda zu entwickeln, die die Narrative des IS untergraben sollen. Diese Initiativen zielen darauf ab, den „Mythos" des Kalifats zu entzaubern und die Realität der Gewalt und Unterdrückung unter der Herrschaft des IS zu zeigen. Solche Programme versuchen, die Attraktivität des IS insbesondere für potenzielle Rekruten zu verringern und Alternativen aufzuzeigen, die mit den Werten des Islam vereinbar sind, ohne Gewalt und Extremismus zu fördern.

RADIKALISIERUNG UND REKRUTIERUNG

Der Islamische Staat (IS) erlangte zwischen 2013 und 2018 globale Bekanntheit durch seine brutalen Terrorakte, die Errichtung eines selbsternannten Kalifats und die Rekrutierung von Zehntausenden ausländischer Kämpfer. Die Radikalisierung und Rekrutierung von Individuen weltweit stellte einen zentralen Aspekt der Machtbasis des IS dar und war entscheidend für die Verbreitung seiner Ideologie und seiner militärischen Erfolge.

Radikalisierung bezieht sich auf einen Prozess, durch den Individuen zunehmend extreme Ansichten entwickeln, die gewalttätiges Verhalten unterstützen oder rechtfertigen. Im Kontext des IS bedeutet Radikalisierung, dass Menschen schrittweise von der Ideologie des dschihadistischen Salafismus überzeugt werden, die einen gewalttätigen Kampf zur Errichtung eines islamischen Staates als religiöse Pflicht ansieht.

Dieser Prozess erfolgt nicht linear und kann in verschiedenen sozialen, politischen und individuellen Kontexten stattfinden. Radikalisierung ist das Ergebnis eines komplexen Zusammenspiels von Faktoren wie Identitätskrisen, politischen Gravamina, sozialen Ungerechtigkeiten und individuellen psychologischen Zuständen. In Bezug auf den IS wurden insbesondere die Entfremdung junger Muslime in westlichen Gesellschaften, die Marginalisierung in Heimatländern, traumatische Erfahrungen sowie die Anziehungskraft einer klar strukturierten und identitätsstiftenden Ideologie als Schlüsselfaktoren identifiziert.

Der IS hat eine narrative Struktur geschaffen, die auf verschiedenen Ebenen ansprechend wirkt: Er bot seinen Anhängern eine klare, wenn auch verzerrte, Vorstellung davon, wie die islamische Welt und die globalen Machtstrukturen funktionieren sollten. Zentral in dieser Ideologie war die Vorstellung, dass die muslimische Welt durch „Ungläubige" und „Verräter" bedroht sei, und dass es die religiöse Pflicht eines jeden Muslims sei, diese Bedrohungen abzuwehren, sei es durch Migration in das Kalifat oder durch Kampf.

Der IS kombinierte seine Botschaften mit apokalyptischen Vorstellungen und präsentierte sich als die letzte Verteidigungslinie des Islams. Besonders anziehend war für viele junge Männer und Frauen die Idee, Teil eines kosmischen Kampfes zwischen Gut und Böse zu sein und eine höhere spirituelle Berufung zu erfüllen. Der IS zeichnete das Bild einer utopischen Gemeinschaft, in der Muslime nach den Regeln der Scharia leben könnten, ohne durch säkulare oder westliche Einflüsse behindert zu werden.

Die Rekrutierung durch den IS erfolgte auf vielfältige Weise und war sowohl in den Zielgruppen als auch in den verwendeten Mitteln äußerst flexibel. Der IS verstand es, moderne Technologien und traditionelle Methoden der Rekrutierung zu kombinieren, um unterschiedliche Zielgruppen zu erreichen.

Online-Rekrutierung und Social Media: Der IS setzte moderne Kommunikationsmittel wie soziale Netzwerke, Messaging-Dienste und Videoportale effektiv ein, um potenzielle Rekruten zu erreichen. Professionell produzierte Videos, Hochglanzmagazine wie „Dabiq“ und „Rumiyah“ sowie soziale Medienplattformen wurden verwendet, um die Ideologie zu verbreiten, Erfolgsgeschichten von Kämpfern zu zeigen und die moralische Überlegenheit des IS gegenüber anderen islamischen Gruppen und westlichen Regierungen zu propagieren. Insbesondere junge Menschen wurden durch die Anonymität und Reichweite sozialer Medien gezielt angesprochen, oft durch persönliche Ansprache von bereits radikalisierten „Online-Rekrutierern“.

Territoriale Kontrolle und physische Präsenz: In den von ihm kontrollierten Gebieten im Irak und Syrien setzte der IS auf eine Präsenz vor Ort, die nicht nur militärischer Natur war, sondern auch soziale Dienstleistungen, Bildung und Verwaltung umfasste. Dies ermöglichte es der Gruppe, junge Männer und Frauen zu rekrutieren, indem sie ihnen sowohl materielle als auch ideologische Sicherheit versprach. Die Schaffung einer Gesellschaft, in der die Scharia uneingeschränkt gilt, wurde als eine Möglichkeit präsentiert, der Korruption und den Verwerfungen der postkolonialen arabischen Staaten zu entkommen.

Netzwerke in der Diaspora: Der IS nutzte Diaspora-Netzwerke in Europa, Nordafrika und Asien, um Kämpfer und Unterstützer zu mobilisieren. Moscheen, Gemeinschaftszentren und Gefängnisse waren Orte, an denen potenzielle Rekruten aufgespürt werden. Der IS profitierte von bestehenden Verbindungen zu salafistischen Netzwerken, die ähnliche ideologische Ansichten teilten und somit als Sprungbrett für die Rekrutierung dienten.

Märtyrertum und Opferbereitschaft: Die Ideologie des IS betonte stark das Konzept des Märtyrertods. Selbstmordattentäter wurden als Helden dargestellt, die ihre Pflicht gegenüber Gott erfüllten. Diese Glorifizierung des Todes für die Sache Gottes übte besonders auf junge Menschen, die nach Bedeutung suchten, eine starke Anziehungskraft aus. Der IS stellte das Märtyrertum als einen direkten Weg zum Paradies dar und versprach Kämpfern himmlische Belohnungen.

Zielgruppenanpassung: Der IS differenzierte seine Rekrutierungsstrategien je nach Zielgruppe. Für westliche Anhänger, oft junge Muslime oder Konvertiten, standen Fragen der Identität, Diskriminierung und Entfremdung im Vordergrund. In der arabischen Welt hingegen wurde stärker auf Themen wie der Kampf gegen korrupte Regierungen und westliche Einmischung gesetzt.

Die Gründe, warum Menschen für die radikale Ideologie des IS anfällig waren, sind vielfältig und vielschichtig. Soziale Isolation, Diskriminierung, Arbeitslosigkeit und Perspektivlosigkeit spielten ebenso eine Rolle wie individuelle Faktoren, etwa Traumata oder familiäre Probleme.

Identitätskrisen und Entfremdung: Besonders in westlichen Ländern wurde der IS für junge Muslime attraktiv, die sich von ihren Gesellschaften entfremdet fühlten. Diskriminierungserfahrungen, Islamophobie und fehlende Zugehörigkeit führten dazu, dass der IS als Alternative zu einer als feindlich wahrgenommenen Gesellschaft gesehen wurde. Die Ideologie des IS bot klare Identitätsmerkmale und eine Gemeinschaft, die auf religiösen Prinzipien basierte.

Sozioökonomische Faktoren: In vielen Ländern des Nahen Ostens und Nordafrikas, aber auch in westlichen Staaten, spielten ökonomische Faktoren eine bedeutende Rolle. Arbeitslosigkeit, Armut und mangelnde Bildungs- und Zukunftsperspektiven schufen ein fruchtbares Umfeld für die Rekrutierung durch den IS. Die Aussicht auf ein „gerechtes" und „sicheres" Leben im Kalifat, gepaart mit einem klaren Feindbild, machte den IS für viele Menschen attraktiv, die sich von den bestehenden politischen und wirtschaftlichen Systemen im Stich gelassen fühlten.

Psychologische Faktoren: Individuen, die auf der Suche nach Sinn, Zugehörigkeit und Struktur waren, erwiesen sich oft als besonders anfällig für die Radikalisierung durch den IS. Die Gruppe bot einfache Antworten auf komplexe Fragen des Lebens und versprach eine klare Ordnung, in der persönliche Opfer für das kollektive Wohl glorifiziert wurden. Oft waren es junge Männer, die sich mit einer toxischen Form von Maskulinität identifizierten, die im Dschihad einen Weg sahen, ihre Männlichkeit zu beweisen.

Die Radikalisierung zum IS folgte keinen festen Mustern, sondern war ein dynamischer und individueller Prozess. Einige Rekruten wurden in einem kurzen Zeitraum radikalisiert, während bei anderen der Prozess Jahre dauerte. Der IS nutzte diesen individuellen Ansatz, um sich gezielt an verschiedene psychologische und soziale Bedürfnisse anzupassen. Besonders auffällig ist die Rolle sozialer Netzwerke und Peer-Groups: Häufig erfolgte die Radikalisierung nicht isoliert, sondern in Gruppen, etwa durch Freundeskreise, in denen sich die Ideologie des IS schrittweise verbreitete.

DIE IDEOLOGIE DES KALIFATS: SCHARIA, GOVERNANCE UND DIE UMMA

Die Ideologie des Kalifats ist eine komplexe und tief verwurzelte religiös-politische Doktrin im Islam, die sich um die Konzepte der Scharia (islamisches Recht), der Governance (Herrschaft) und der Umma (die islamische Gemeinschaft) dreht. Diese Ideologie hat im Laufe der Jahrhunderte verschiedene Ausprägungen angenommen, und ihr Verständnis ist in der modernen Welt sowohl für muslimische Gemeinschaften als auch für nicht-muslimische Akteure von großer Bedeutung.

Das Kalifat, das sich auf das arabische Wort „Chalīfa" bezieht, bedeutet wörtlich „Nachfolger" oder „Stellvertreter". Historisch gesehen bezieht es sich auf die Nachfolge des Propheten Mohammed nach seinem Tod im Jahr 632 n. Chr. Der erste Kalif, Abu Bakr, wurde als Nachfolger Mohammeds gewählt, um die muslimische Gemeinschaft zu führen. Das Kalifat entwickelte sich zu einer zentralen Institution in der islamischen Geschichte, die sowohl religiöse als auch politische Autorität verkörperte.

Das klassische Kalifat umfasste die ersten vier „rechtgeleiteten Kalifen" (al-khulafā' al-rāshidūn), die das Ideal einer gerechten islamischen Herrschaft repräsentierten. Diese Kalifen, Abu Bakr, Umar, Uthman und Ali, galten als Vorbilder für die islamische Führung und setzten Maßstäbe für die Governance nach islamischen Prinzipien.

Die Scharia, das islamische Recht, ist das Rückgrat der Ideologie des Kalifats. Sie basiert auf dem Koran, den Hadithen (Überlieferungen des Propheten) und der sunnitischen Rechtstradition. Die Scharia reguliert alle Aspekte des Lebens eines Muslims, von religiösen Praktiken über soziale und wirtschaftliche Beziehungen bis hin zur politischen Governance.

Im Kontext des Kalifats wird die Scharia als Grundlage der Herrschaft betrachtet. Die Aufgabe des Kalifen ist es, die Scharia zu implementieren und sicherzustellen, dass die Gesellschaft nach den göttlichen Geboten lebt. Dies bedeutet, dass die Governance im Kalifat nicht nur eine politische, sondern auch eine religiöse Verantwortung ist. Der Kalif gilt als derjenige, der die Scharia in der Umma durchsetzt und so die Ordnung und Gerechtigkeit nach islamischen Prinzipien sicherstellt.

Die Umsetzung der Scharia als Staatsrecht im Kalifat unterscheidet sich von modernen säkularen Rechtssystemen, da sie keine Trennung zwischen Religion und Staat kennt. Die Governance im Kalifat ist theokratisch, wobei die politischen Entscheidungen direkt aus religiösen Prinzipien abgeleitet werden.

Die Umma, die Gemeinschaft der Gläubigen, ist ein zentrales Konzept in der Ideologie des Kalifats. Sie umfasst alle Muslime weltweit und bildet eine übernationale Gemeinschaft, die durch den Glauben an den Islam verbunden ist. Das Kalifat versteht sich als die politische Institution, die die Einheit der Umma gewährleisten soll.

In der Ideologie des Kalifats ist die Umma das Fundament der islamischen Gesellschaft, die durch gemeinsame religiöse Überzeugungen und Praktiken vereint ist. Der Kalif ist der Anführer dieser Gemeinschaft und trägt die Verantwortung für das Wohlergehen aller Muslime. Diese transnationale Perspektive steht im Gegensatz zu modernen Nationalstaaten, die auf territorialen Grenzen und ethnischer Identität basieren.

Die Umma wird im Kalifat als eine Einheit betrachtet, die über kulturelle, ethnische und sprachliche Unterschiede hinausgeht. Diese Vorstellung ist insbesondere in Zeiten von Spaltungen innerhalb der muslimischen Welt von Bedeutung, da sie die Idee einer gemeinsamen islamischen Identität fördert. Historisch gesehen war das Kalifat oft ein Symbol für die

Einheit der muslimischen Welt, auch wenn diese Einheit in der Praxis oft schwer zu erreichen war.

Die Ideologie des Kalifats hat im Laufe der Zeit verschiedene Interpretationen erfahren, insbesondere im Kontext der modernen Welt. Während das klassische Kalifat im 7. Jahrhundert seinen Ursprung hatte, wurde das Konzept in der Neuzeit von verschiedenen islamistischen Bewegungen wiederbelebt, die die Wiedereinführung eines Kalifats nach den Prinzipien der Scharia fordern.

Moderne Bewegungen wie der Salafismus und der politische Islam sehen das Kalifat als idealen Zustand an, in dem die islamische Herrschaft wiederhergestellt werden soll. Diese Bewegungen argumentieren, dass die Abkehr von der Scharia und der Auflösung des Kalifats im 20. Jahrhundert (durch die Abschaffung des Osmanischen Kalifats 1924) die muslimische Welt in eine Krise gestürzt habe, die nur durch die Rückkehr zum Kalifat überwunden werden könne.

Gleichzeitig steht die Ideologie des Kalifats vor erheblichen Herausforderungen in der modernen Welt. Die Idee einer transnationalen islamischen Regierung steht im Widerspruch zu den bestehenden politischen Strukturen der Nationalstaaten. Zudem wird die Implementierung der Scharia oft als unvereinbar mit den Menschenrechten und demokratischen Prinzipien angesehen, was zu erheblichen Spannungen führt.

DAS KONZEPT DES KALIFATS IM 21. JAHRHUNDERT: THEORIE UND PRAXIS

Das Kalifat, eine der einflussreichsten politischen und religiösen Institutionen in der Geschichte des Islam, hat seit seiner Gründung im 7. Jahrhundert zahlreiche Transformationen durchlaufen. Ursprünglich als Nachfolgeinstitution des Propheten Mohammed (570-632 n. Chr.) etabliert, symbolisierte das Kalifat die Einheit der muslimischen Gemeinschaft (Umma) und die Vereinigung von religiöser und weltlicher Macht. Im 21. Jahrhundert hat das Kalifat jedoch eine neue und oft kontroverse Bedeutung erlangt, insbesondere im Kontext des globalen Terrorismus und des politischen Islamismus.

Historische Entwicklung des Kalifats

Nach dem Tod des Propheten Mohammed im Jahr 632 n. Chr. entstand das Kalifat als die institutionelle Lösung für die Nachfolgefrage. Die ersten vier Kalifen, bekannt als die Rashidun-Kalifen (632-661 n. Chr.), regierten eine sich rasch ausdehnende muslimische Gemeinschaft, die sowohl in religiöser als auch in politischer Hinsicht geführt werden musste. Diese frühe Periode des Kalifats wurde als das „goldene Zeitalter" betrachtet, in dem die Kalifen sowohl moralische als auch administrative Vorbilder waren.

Die nachfolgende Dynastie der Umayyaden (661-750 n. Chr.) veränderte das Kalifat grundlegend. Sie verlagerten den Sitz des Kalifats von Medina nach Damaskus und verwandelten die ursprünglich eher egalitäre islamische Gemeinschaft in ein mächtiges Imperium, das sich über weite Teile des Nahen Ostens, Nordafrikas und Spaniens erstreckte. Unter den Umayyaden entwickelte sich das Kalifat zunehmend zu einer monarchischen Institution, die sich auf eine aristokratische Elite stützte, was zu inneren Spannungen und Aufständen führte, insbesondere unter den Schiiten.

Die Abbasiden (750-1258 n. Chr.) übernahmen das Kalifat nach dem Sturz der Umayyaden und verlegten die Hauptstadt nach Bagdad. Unter ihrer Herrschaft erlebte die islamische Zivilisation eine kulturelle und wissenschaftliche Blütezeit. Das Kalifat wurde unter den Abbasiden stärker zentralisiert und entwickelte eine umfassendere Bürokratie. In dieser Zeit wurden die Grundlagen des islamischen Rechts (Scharia) kodifiziert und das Kalifat als Institution fest in die religiöse und politische Kultur des Islam eingebettet.

Allerdings begann das Kalifat auch während der Abbasiden Zeit, seine Macht zu verlieren, da es zunehmend von regionalen Dynastien herausgefordert wurde, die de facto unabhängige Herrschaften etablierten. Diese Schwächung setzte sich fort, bis das Abbasiden-Kalifat 1258 durch den Mongolensturm in Bagdad endgültig zu Ende ging, obwohl das Kalifat in Ägypten unter der Herrschaft der Mamluken (1261-1517) symbolisch fortgeführt wurde.

Das Kalifat erlebte eine Wiederbelebung unter den Osmanen, die es 1517 nach der Eroberung Ägyptens beanspruchten. Unter osmanischer Herrschaft wurde das Kalifat zu einem Symbol der islamischen Einheit, während der Sultan in erster Linie als weltlicher Herrscher agierte. Diese Form des Kalifats war stark von den Realitäten der osmanischen Staatsstruktur und den geopolitischen Herausforderungen beeinflusst, die das Reich während seiner langen Geschichte bewältigen musste.

Das Ende des Osmanischen Kalifats 1924 durch Mustafa Kemal Atatürk markierte einen Wendepunkt in der Geschichte der muslimischen Welt. Der Verlust des Kalifats führte zu einer tiefen Identitätskrise unter den Muslimen und löste Debatten darüber aus, wie der Islam und seine politischen Strukturen in der modernen Welt neu definiert werden sollten.

Theoretische Grundlagen des Kalifats

Im klassischen islamischen Denken spielt das Kalifat eine zentrale Rolle. Für Gelehrte wie Al-Mawardi (972-1058) und Ibn Khaldun (1332-1406) war das Kalifat nicht nur eine politische Institution, sondern auch eine religiöse Pflicht, die das Wohl der Umma gewährleisten sollte. Al-Mawardi betonte, dass der Kalif als Nachfolger des Propheten sowohl die weltlichen als auch die religiösen Angelegenheiten der muslimischen Gemeinschaft leiten sollte. Er entwickelte detaillierte Kriterien für die Wahl und Absetzung eines Kalifen und betrachtete das Kalifat als notwendig, um die Scharia aufrechtzuerhalten und die Einheit der Umma zu sichern.

Ibn Khaldun hingegen betrachtete das Kalifat aus einer eher soziologischen Perspektive. In seinem Werk „Muqaddima" analysierte er die zyklische Natur der politischen Macht in der muslimischen Welt und argumentierte, dass das Kalifat nur dann stabil und legitim sein könne, wenn es auf einem starken sozialen Gefüge basiert, das er als „Asabiyya" bezeichnete.

Im 20. Jahrhundert führten die Abschaffung des Kalifats und die Kolonisierung der muslimischen Welt zu einer neuen Welle islamischen Denkens. Islamische Gelehrte und Aktivisten wie Hassan al-Banna (1906-1949) und Sayyid Qutb (1906-1966) sahen das Kalifat als eine verlorene, aber essenzielle Institution, die wiederhergestellt werden müsse, um die muslimische Welt von westlichem Imperialismus und innerer Korruption zu befreien. Qutb, ein Vordenker der Muslimbruderschaft, betrachtete das Kalifat als einen notwendigen Schritt zur Etablierung eines islamischen Staates, der strikt nach der Scharia regiert würde. Für ihn war das Kalifat die ultimative Form politischer und religiöser Autorität, die der modernen, säkularen Ordnung überlegen sei.

Auf der anderen Seite argumentierten reformistische Denker wie Ali Abdel Raziq (1888-1966), dass das Kalifat nicht notwendig sei und der Islam keine spezifische politische Ordnung vorschreibe. In seinem Werk „Islam und die Grundlagen der Herrschaft" (1925) vertrat Raziq die Ansicht, dass das Kalifat eine historische Institution war, die nicht aus dem Koran oder der Sunna abgeleitet werden könne. Er forderte Muslime auf, moderne, demokratische Systeme zu übernehmen, die besser zu den Herausforderungen der Gegenwart passen.

Im Laufe des 20. und 21. Jahrhunderts haben sich unterschiedliche Strömungen im Islam entwickelt, die das Kalifat unterschiedlich interpretieren. Während traditionelle Salafisten das Kalifat als eine Rückkehr zur „reinen“ islamischen Praxis der Frühzeit betrachten, lehnen viele moderne Muslime die Idee eines zentralisierten Kalifats zugunsten einer pluralistischen, nationalstaatlichen Ordnung ab. Diese Spannungen spiegeln die breitere Debatte innerhalb der muslimischen Welt über den Umgang mit Tradition und Moderne wider.

Praxis des Kalifats im 21. Jahrhundert

Die radikalste Manifestation des Kalifats im 21. Jahrhundert war die Ausrufung des Kalifats durch den „Islamischen Staat“ (IS) im Jahr 2014. Unter der Führung von Abu Bakr al-Baghdadi erklärte der IS ein Kalifat, das die gesamte muslimische Welt vereinen und nach einer strikten Auslegung der Scharia regieren sollte. Die Ideologie des IS basiert auf einer extremistischen Interpretation des Salafismus und des Jihadismus, die Gewalt als legitimes Mittel zur Verwirklichung eines „reinen“ islamischen Staates betrachtet.

In der Praxis war das „Kalifat“ des IS jedoch von brutalen Menschenrechtsverletzungen, systematischem Terror und einer rigiden, oft verzerrten Auslegung islamischer Gesetze geprägt. Die territoriale Expansion des IS in Teilen Syriens und des Irak führte zu einem beispiellosen Ausmaß an Zerstörung und

Vertreibung. Obwohl der IS militärisch weitgehend besiegt wurde, bleibt seine Ideologie ein bedrohliches Erbe, das weiterhin Anhänger weltweit mobilisiert.

Die Ausrufung des Kalifats durch den IS löste weltweit Schockwellen aus. In der muslimischen Welt stieß der IS auf weitgehende Ablehnung, insbesondere vonseiten führender islamischer Gelehrter und Institutionen wie der Al-Azhar-Universität in Ägypten. Diese betonten, dass das Kalifat des IS weder religiös legitim noch historisch authentisch sei. Viele Muslime betrachteten den IS als eine Bedrohung sowohl für den Islam als auch für die internationale Sicherheit.

Gleichzeitig führte das IS-Kalifat zu einer Radikalisierung einiger muslimischer Gemeinschaften, insbesondere in Europa, wo junge Muslime, die sich marginalisiert und entfremdet fühlten, durch die Propaganda des IS angezogen wurden. Diese Entwicklungen haben tiefe gesellschaftliche Spaltungen hervorgerufen und die Debatte über Integration, Radikalisierung und den Platz des Islam in westlichen Gesellschaften verschärft.

Die Errichtung des IS-Kalifats hatte erhebliche geopolitische Auswirkungen. Die Instabilität im Nahen Osten, insbesondere in Syrien und im Irak, verschärfte sich, als der IS große Gebiete eroberte und ein „Staat“ innerhalb dieser Grenzen etablierte. Die internationale Gemeinschaft, angeführt von den Vereinigten Staaten und einer Koalition von westlichen und regionalen Verbündeten, startete eine militärische Kampagne zur

Zerschlagung des IS. Diese Intervention führte zu einer weitgehenden Zerstörung der territorialen Basis des IS, doch die Gruppe bleibt weiterhin aktiv, insbesondere durch asymmetrische Kriegführung und Terroranschläge.

Der Kampf gegen den IS hat auch die regionale Machtbalance im Nahen Osten verändert, wobei Länder wie Iran, Türkei und Russland eine bedeutende Rolle in den Nachkriegsordnungen Syriens und des Irak spielen. Gleichzeitig hat der Kampf gegen den IS zu einer verstärkten Militarisierung und autoritären Tendenzen in vielen betroffenen Staaten geführt, was langfristige Auswirkungen auf die politische Entwicklung der Region haben könnte.

Zukunftsaussichten des Kalifats im 21. Jahrhundert

Auch nach dem Zusammenbruch des IS-Kalifats bleibt die Idee des Kalifats eine ideologische Herausforderung, die von verschiedenen islamistischen Gruppen und Einzelpersonen weiterhin propagiert wird. Die anhaltende Attraktivität des Kalifats, insbesondere unter Jugendlichen, die sich in ihren Gesellschaften entfremdet fühlen, erfordert neue Ansätze in der Präventionsarbeit und der politischen Bildung. Es ist notwendig, die Ursachen der Radikalisierung zu verstehen und zu bekämpfen, um das Wiederaufleben extremistischer Ideologien zu verhindern.

In einer globalisierten Welt stellt das Konzept des Kalifats auch Fragen nach der Rolle des Islam im internationalen System. Einige Denker plädieren für eine Neudefinition des

Kalifats, die sich stärker auf ethische und spirituelle Führung konzentriert, anstatt auf territorialen und politischen Anspruch. Solche Ansätze könnten eine Brücke schlagen zwischen der traditionellen islamischen politischen Theorie und den modernen Anforderungen an Governance und internationale Zusammenarbeit.

Ein möglicher Weg für die Zukunft des Kalifats könnte in einem pluralistischen Ansatz liegen, der die Vielfalt innerhalb der islamischen Welt anerkennt und den politischen Ausdruck des Islam in unterschiedlichen Kontexten ermöglicht. Dies könnte in der Förderung von demokratischen Prozessen und Menschenrechten innerhalb muslimischer Gesellschaften resultieren, ohne die religiösen Grundlagen des Islam zu kompromittieren. Die Herausforderung besteht darin, ein Modell zu entwickeln, das sowohl den historischen Wurzeln des Kalifats gerecht wird als auch den modernen Bedürfnissen der muslimischen Gemeinschaften weltweit entspricht.

Das Konzept des Kalifats im 21. Jahrhundert steht im Spannungsfeld zwischen Tradition und Moderne, zwischen religiöser Symbolik und politischer Realität. Während das historische Kalifat eine komplexe Institution war, die sowohl religiöse als auch politische Funktionen erfüllte, haben moderne Interpretationen, insbesondere durch extremistische Gruppen wie den IS, das Kalifat zu einem Symbol des Widerstands gegen den Westen und der Rückkehr zu einer vermeintlich „reinen“ islamischen Ordnung gemacht.

Dennoch bleibt das Kalifat für viele Muslime ein bedeutendes theologisches Konzept, das tief in der Geschichte und Identität des Islam verwurzelt ist. Die Herausforderung für die muslimische Welt im 21. Jahrhundert besteht darin, das Kalifat in einer Weise neu zu interpretieren, die den Anforderungen und Werten der modernen Welt gerecht wird, ohne seine religiöse und historische Bedeutung zu untergraben. Die Zukunft des Kalifats wird daher stark davon abhängen, wie muslimische Gemeinschaften weltweit auf die Spannungen zwischen Tradition und Moderne reagieren und wie sie eine harmonische Integration von Religion und Politik in einer globalisierten Welt gestalten können.

DER IS UND SEIN EINFLUSS AUF ISLAMISCHE GEMEINDEN WELTWEIT

Der Islamische Staat erlangte im Jahr 2014 internationale Aufmerksamkeit, als er ein Kalifat ausrief und große Teile des Irak und Syriens unter seine Kontrolle brachte. Die Organisation, die sich durch extreme Gewalt und eine radikale Interpretation des Islam auszeichnet, hat tiefgreifende Auswirkungen auf islamische Gemeinden weltweit gehabt.

Der IS basiert ideologisch auf einer extremistischen Auslegung des Salafismus, einer konservativen Strömung im Islam, die eine Rückkehr zu den Praktiken der „frommen Vorfahren“

(al-salaf al-salih) anstrebt. Während der Salafismus in seiner ursprünglichen Form auf die strikte Befolgung des Korans und der Sunna abzielt, verbindet der IS diese Lehre mit einer militanten Form des Jihadismus. Diese Ideologie rechtfertigt den Einsatz von Gewalt, um einen „reinen“ islamischen Staat zu errichten, der nach den Prinzipien der Scharia regiert wird.

Die Ideologen des IS, darunter Abu Bakr al-Baghdadi und Abu Muhammad al-Adnani, entwickelten eine Theologie, die den globalen Jihad propagiert und alle Muslime zur Unterstützung oder Teilnahme an diesem Kampf auffordert. Der IS erklärte die Wiederherstellung des Kalifats als göttlichen Auftrag und präsentierte sich als einzig legitime Autorität für Muslime weltweit.

Eine zentrale Komponente der IS-Ideologie ist der Takfirismus, eine Praxis, bei der Muslime, die nicht der extremistischen Auslegung des Islam folgen, als Abtrünnige (Kuffar) betrachtet werden. Der IS wendet diese Praxis rigoros an, indem er sowohl Schiiten als auch Sunniten, die sich seiner Ideologie widersetzen, zu Feinden erklärt. Diese Exklusivität und der Anspruch auf die absolute Wahrheit haben den IS dazu befähigt, eine extremistische Identität zu fördern, die wenig Raum für Dialog oder Kompromiss lässt.

Der Takfirismus des IS hat nicht nur zu massiven innerislamischen Konflikten geführt, sondern auch zur Legitimation von Gewalt gegen muslimische Gemeinschaften, die von der IS-Ideologie abweichen. Dies hat weltweit zu einer tiefen

Spaltung innerhalb des Islam geführt und das ohnehin fragile Gleichgewicht zwischen verschiedenen islamischen Strömungen weiter destabilisiert.

Eine der gravierendsten Auswirkungen des IS auf islamische Gemeinden weltweit ist die Radikalisierung und Rekrutierung von Anhängern. Der IS nutzte soziale Medien und andere digitale Plattformen geschickt, um seine Ideologie zu verbreiten und Anhänger zu rekrutieren. Insbesondere junge Muslime in westlichen Ländern, die sich marginalisiert oder entfremdet fühlten, wurden von der IS-Propaganda angesprochen. Der IS präsentierte sich als eine Alternative zu den als korrupt empfundenen westlichen Gesellschaften und versprach den Rekruten eine klare Identität und einen Sinn im „heiligen Krieg".

Tausende von jungen Männern und Frauen aus Europa, Nordamerika, Nordafrika und Zentralasien reisten in die vom IS kontrollierten Gebiete, um sich der Gruppe anzuschließen. Diese transnationale Mobilisierung führte zu einer globalen Sicherheitskrise, da viele der Rekruten nach der Niederlage des IS in ihre Herkunftsländer zurückkehrten, oft radikalisierter als zuvor.

Die Rückkehrer stellten eine erhebliche Bedrohung für die nationale Sicherheit dar und zwangen Regierungen weltweit, ihre Anti-Terror-Strategien zu überdenken. Darüber hinaus führte die Rekrutierungskampagne des IS zu einer weiteren Stigmatisierung muslimischer Gemeinschaften in westlichen

Ländern, die bereits mit Islamophobie und sozialer Ausgrenzung zu kämpfen hatten.

Der IS hatte nicht nur einen sicherheitspolitischen, sondern auch einen tiefgreifenden sozialen und kulturellen Einfluss auf muslimische Gemeinschaften weltweit. In Ländern mit bedeutenden muslimischen Bevölkerungen, insbesondere in Europa, führte das Aufkommen des IS zu einer verstärkten Islamophobie und einem wachsenden Misstrauen gegenüber Muslimen. Die Assoziation des Islam mit Terrorismus, die durch die IS-Propaganda befördert wurde, hatte schwerwiegende Folgen für die Integration muslimischer Gemeinschaften und die Wahrnehmung des Islam in der westlichen Welt.

Diese negative Wahrnehmung führte zu einer Verschärfung der Spannungen zwischen muslimischen Gemeinschaften und der Mehrheitsgesellschaft. Viele Muslime sahen sich gezwungen, sich öffentlich von den Gräueltaten des IS zu distanzieren und gleichzeitig ihre eigene religiöse Identität zu verteidigen. Dies führte zu einem Dilemma, da die Notwendigkeit, den Islam von extremistischen Interpretationen zu trennen, mit dem Druck kollidierte, ihre eigene Glaubensgemeinschaft nicht zu delegitimieren.

In einigen Fällen führte dies zu einer stärkeren Identifikation mit dem Islam und einer Rückbesinnung auf religiöse Werte, um den IS-Diskurs entgegenzuwirken. In anderen Fällen führten die anhaltende Stigmatisierung und Diskriminierung jedoch zu einer weiteren Entfremdung und gelegentlich auch zu Radikalisierung.

Der Einfluss des IS erstreckte sich auch auf die internationale Politik und die Beziehungen zwischen Staaten. Der IS diente als Katalysator für geopolitische Konflikte, insbesondere im Nahen Osten, wo verschiedene Staaten in den Konflikt verwickelt wurden, sei es durch direkte militärische Interventionen oder durch die Unterstützung rivalisierender Gruppen. Der Aufstieg des IS verschärfte die bestehenden Spannungen zwischen sunnitischen und schiitischen Staaten und verschärfte den Wettbewerb um Einfluss in der Region, insbesondere zwischen Saudi-Arabien und dem Iran.

Die Bedrohung durch den IS führte auch zu neuen Allianzen und Kooperationen, insbesondere im Rahmen der internationalen Koalition gegen den IS, die von den Vereinigten Staaten angeführt wurde. Gleichzeitig haben die Konflikte, die durch den IS angeheizt wurden, zu massiven Fluchtbewegungen geführt, was in Europa eine Krise ausgelöst hat, die politische und gesellschaftliche Spannungen weiter verstärkt hat.

In Ländern wie Irak und Syrien hinterließ der IS eine Schneise der Zerstörung, die zu einer tiefen politischen, sozialen und wirtschaftlichen Krise führte. Der Wiederaufbau dieser Gesellschaften und die Heilung der durch den IS verursachten Wunden werden Jahrzehnte in Anspruch nehmen und erfordern eine umfassende internationale Zusammenarbeit sowie eine gezielte Unterstützung der betroffenen Gemeinden.

Islamische Gelehrte und Institutionen weltweit haben sich entschieden gegen die Ideologie des IS gestellt. Führende islamische Autoritäten, wie die Al-Azhar-Universität in Ägypten, die höchste Autorität des sunnitischen Islam, haben Fatwas gegen den IS und seine Praktiken erlassen. Diese religiösen Deklarationen betonten, dass die Lehren des IS nicht mit den grundlegenden Prinzipien des Islam vereinbar seien und dass der IS eine verzerrte und gefährliche Interpretation der Religion fördere.

Viele muslimische Gelehrte haben intensiv daran gearbeitet, die Legitimität des IS-Kalifats infrage zu stellen und seine theologischen Grundlagen zu widerlegen. Sie argumentierten, dass das Kalifat des IS sowohl religiös als auch historisch illegitim sei und dass es keine Grundlage für die extreme Gewalt gebe, die der IS im Namen des Islam ausübte. Diese Bemühungen zielen darauf ab, Muslime weltweit zu informieren und aufzuklären, um zu verhindern, dass sie von der radikalen Ideologie des IS beeinflusst werden.

Neben den religiösen Reaktionen haben muslimische Gemeinschaften auf der ganzen Welt auch Graswurzelinitiativen gestartet, um der Radikalisierung entgegenzuwirken. Diese Initiativen reichen von Bildungsprogrammen, die jungen Muslimen helfen sollen, ein fundiertes und differenziertes Verständnis ihrer Religion zu entwickeln, bis hin zu Programmen zur Deradikalisierung, die darauf abzielen, diejenigen zu erreichen, die bereits radikalisiert wurden.

Ein Beispiel für eine solche Initiative ist das „Strong Cities Network“, das Städte weltweit miteinander vernetzt, um bewährte Verfahren zur Verhinderung von Extremismus auszutauschen. Solche Programme legen großen Wert darauf, Gemeinden direkt einzubeziehen, um lokale Kontexte zu berücksichtigen und präventive Maßnahmen zu entwickeln, die auf die spezifischen Bedürfnisse und Herausforderungen vor Ort zugeschnitten sind.

Zudem haben zahlreiche muslimische Organisationen in Europa und Nordamerika Projekte ins Leben gerufen, die die Integration fördern und gleichzeitig die islamische Identität in einem pluralistischen Kontext stärken sollen. Diese Projekte betonen oft die Werte des Friedens, der Gerechtigkeit und der Gemeinschaft und versuchen, eine positive und authentische muslimische Identität zu fördern, die sich gegen die extremistischen Narrative des IS stellt.

In einigen Ländern hat der Einfluss des IS auch zu einer verstärkten politischen Mobilisierung muslimischer Gemeinschaften geführt. Angesichts der zunehmenden Islamophobie und der Bedrohung durch Extremismus haben sich viele Muslime politisch engagiert, um ihre Rechte zu verteidigen und aktiv an der Gestaltung der Gesellschaft teilzunehmen. Dies hat zu einer stärkeren Präsenz von Muslimen in politischen Bewegungen und Parteien geführt und in einigen Fällen auch zu einer verstärkten Beteiligung an Wahlprozessen.

Diese Mobilisierung hat jedoch auch Herausforderungen mit sich gebracht, da muslimische Aktivisten oft mit Misstrauen und Vorurteilen konfrontiert sind. Trotzdem ist die politische Beteiligung ein wichtiger Aspekt der Reaktion auf den IS, da sie muslimischen Gemeinschaften die Möglichkeit gibt, ihre Anliegen zu artikulieren und aktiv zur Förderung von Frieden und Sicherheit beizutragen.

Der IS hat einen beispiellosen Einfluss auf islamische Gemeinden weltweit ausgeübt und tiefe Spuren in der globalen islamischen Landschaft hinterlassen. Während die Ideologie des IS nur eine Minderheit innerhalb des Islam anspricht, hat die Gruppe dennoch erhebliche soziale, kulturelle und politische Verwerfungen verursacht. Muslimische Gemeinschaften haben auf die Herausforderung des IS mit einer Mischung aus religiösem Aktivismus, Graswurzelbewegungen und politischer Mobilisierung reagiert.

Die anhaltende Bedrohung durch extremistische Ideologien, wie sie der IS repräsentiert, erfordert eine fortgesetzte Anstrengung, um den Dialog und das Verständnis innerhalb der muslimischen Welt zu fördern und die Kräfte zu stärken, die sich für Frieden, Gerechtigkeit und eine pluralistische Zukunft einsetzen. Die Lehren aus dem Einfluss des IS werden auch für die zukünftige Gestaltung der Beziehungen zwischen dem Islam und der globalen Gemeinschaft von zentraler Bedeutung sein. Es bleibt entscheidend, dass Muslime weltweit ihre Stimme erheben, um gegen Extremismus zu kämpfen und die wahren Werte ihrer Religion zu verteidigen.

DIE ROLLE DES IS IM SYRISCHEN BÜRGERKRIEG

Der Islamische Staat spielte eine zentrale, jedoch komplexe und destruktive Rolle im syrischen Bürgerkrieg, einem der blutigsten und am längsten andauernden Konflikte des 21. Jahrhunderts. Seit seinem Auftreten auf der syrischen Bühne hat der IS nicht nur die Dynamik des Bürgerkriegs verändert, sondern auch eine neue Dimension der Gewalt und des internationalen Engagements in den Konflikt eingeführt.

Die militärische Strategie des IS in Syrien war von Anfang an aggressiv und auf territoriale Expansion ausgerichtet. Die Gruppe eroberte wichtige Städte und Regionen, darunter Raqqa, das zu ihrer inoffiziellen Hauptstadt wurde, sowie große Teile der östlichen Provinzen Deir ez-Zor und Hasaka. Der IS nutzte eine Mischung aus militärischer Stärke, brutalen Taktiken und ideologischer Propaganda, um sowohl seine Gegner zu terrorisieren als auch lokale Gemeinschaften zu kontrollieren.

Der IS unterschied sich von anderen Akteuren im syrischen Bürgerkrieg durch seine Fähigkeit, eroberte Gebiete effektiv zu verwalten. Die Gruppe errichtete ein Netzwerk von lokalen Verwaltungseinheiten, die nach den strengen Auslegungen der Scharia regiert wurden. Diese Verwaltungsstrukturen umfassten Gerichte, Polizei und Sozialdienste, die alle unter der direkten Kontrolle der IS-Führung standen. Dadurch konnte der IS nicht nur militärische Kontrolle ausüben, sondern auch die Bevölkerung ideologisch indoktrinieren und wirtschaftlich ausbeuten.

Die Brutalität des IS war ein zentraler Aspekt seiner Strategie. Öffentliche Hinrichtungen, Enthauptungen, Versklavungen und andere Formen extremer Gewalt wurden eingesetzt, um sowohl die lokale Bevölkerung als auch internationale Gegner zu terrorisieren. Diese Taktiken zielten darauf ab, Widerstand zu brechen und die Kontrolle über die eroberten Gebiete zu festigen. Die Nutzung sozialer Medien durch den IS, um diese Gewalt zu propagieren, verlieh der Gruppe zusätzlich eine globale Reichweite und verstärkte die Angst vor ihr weltweit.

Im Juni 2014 rief der IS das Kalifat aus, mit Raqqa als Hauptstadt. Dieser Schritt war nicht nur symbolisch bedeutend, sondern zeigte auch die Ambitionen des IS, eine dauerhafte islamische Herrschaft zu errichten. Raqqa wurde zu einem Zentrum der Macht des IS, von dem aus die Gruppe ihre militärischen Operationen und ideologischen Propaganda-Kampagnen koordinierte.

Der Aufstieg des IS hatte tiefgreifende Auswirkungen auf den Verlauf des syrischen Bürgerkriegs und die Dynamik des Konflikts. Durch seine militärischen Erfolge und die Kontrolle über große Teile Syriens veränderte der IS das Kräfteverhältnis im Land und stellte sowohl die syrische Regierung als auch andere Rebellengruppen vor neue Herausforderungen.

Der IS trug wesentlich zur Verschärfung der Gewalt im syrischen Bürgerkrieg bei. Die Brutalität seiner Taktiken und seine aggressiven Expansionsbestrebungen führten zu einer weiteren Fragmentierung der Opposition. Viele Rebellengruppen, die ursprünglich gegen das Assad-Regime kämpften, sahen sich gezwungen, ihre Ressourcen gegen den IS zu richten, was die Fähigkeit der Opposition, das Regime zu bekämpfen, schwächte.

Darüber hinaus führte die Präsenz des IS zu neuen Frontlinien und Konflikten zwischen verschiedenen bewaffneten Gruppen. Diese Fragmentierung der Opposition machte es schwieriger, eine koordinierte Strategie gegen das Assad-Regime zu entwickeln und führte zu einem längeren und komplexeren Konflikt.

Ab 2016 begann der IS, in Syrien militärisch an Boden zu verlieren. Die kombinierte Offensive der syrischen Regierungstruppen, kurdischer Milizen und internationaler Koalitionskräfte führte zu erheblichen Verlusten für den IS. 2017 wurde Raqqa nach monatelangen Kämpfen zurückerobert, und der IS verlor nach und nach die Kontrolle über seine wichtigsten Territorien.

Trotz dieser militärischen Niederlagen zog sich der IS in ländliche Gebiete und Wüstenregionen zurück und änderte seine Taktik hin zu Guerillakriegsführung und terroristischen Anschlägen. Diese Anpassung des IS bedeutete, dass die Gruppe zwar nicht mehr in der Lage war, große Gebiete zu kontrollieren, aber weiterhin eine Bedrohung durch asymmetrische Kriegsführung darstellte.

Der IS hinterließ eine tief gespaltene und zerstörte Gesellschaft in Syrien. Die Zerstörung von Infrastruktur, die Massenvertreibung von Menschen und die anhaltende Unsicherheit erschwerten die Bemühungen um Wiederaufbau und Stabilisierung. Darüber hinaus bleibt die Ideologie des IS in Teilen der Bevölkerung weiterhin präsent, was die Gefahr einer erneuten Radikalisierung und des Wiederauflebens extremistischer Bewegungen birgt.

DIE EXPANSION DES IS: VON NORDAFRIKA BIS SÜDOSTASIEN

Der IS begann als regionale Terrorgruppe im Irak und Syrien, entwickelte sich jedoch rasch zu einer globalen Bedrohung. Durch seine aggressive Expansion und geschickte Propaganda konnte der IS in relativ kurzer Zeit Unterstützer und Ableger in vielen Teilen der Welt gewinnen, insbesondere in Nordafrika und Südostasien. Diese Ausbreitung, die von einer Kombination aus ideologischer Verbreitung, direkter militärischer Intervention und der Gründung von Franchises geprägt war, hatte tiefgreifende Auswirkungen auf die regionale Stabilität und die internationale Sicherheit.

Die Expansion des IS basierte auf einer radikal-extremistischen Ideologie, die auf der Vorstellung eines globalen Kalifats gründete. Diese Ideologie forderte die Schaffung eines islamischen Staates, der sich über nationale Grenzen hinweg erstrecken sollte. Anders als Al-Qaida, die eher dezentral operierte, verfolgte der IS eine Strategie der territorialen Kontrolle und der direkten Regierung über die eroberten Gebiete.

Libyen spielte eine zentrale Rolle in der Expansion des IS in Nordafrika. Nach dem Sturz von Muammar Gaddafi im Jahr 2011 versank Libyen im Chaos, und rivalisierende Milizen kämpften um die Kontrolle. In diesem Machtvakuum sah der IS eine Gelegenheit, seine Präsenz auszubauen. 2014 eroberte der IS die Küstenstadt Sirte, die zur Hochburg und inoffiziellen Hauptstadt der Gruppe in Nordafrika wurde.

In Sirte etablierte der IS eine ähnliche Regierungsstruktur wie in Syrien und dem Irak, führte die Scharia ein und baute eine lokale Verwaltung auf. Die Stadt wurde zu einem wichtigen Rekrutierungs- und Trainingszentrum für Dschihadisten aus der gesamten Region. Der IS nutzte Libyen auch als Basis für Angriffe auf benachbarte Länder und versuchte, seine Kontrolle auf andere Teile des Landes auszudehnen, darunter Bengasi und Derna.

Ein weiterer wichtiger Schauplatz der IS-Expansion in Nordafrika war die Sinai-Halbinsel in Ägypten. Die lokale Dschihadistengruppe Ansar Bait al-Maqdis schwor dem IS im Jahr 2014 die Treue und benannte sich in Wilayat Sinai um, was "Provinz Sinai" bedeutet. Diese Gruppe führte eine Reihe von Terroranschlägen durch, die sich sowohl gegen ägyptische Sicherheitskräfte als auch gegen internationale Ziele richteten, wie zum Beispiel den Abschuss des russischen Passagierflugzeugs Kogalymavia-Flug 9268 im Oktober 2015.

Die Präsenz des IS auf der Sinai-Halbinsel stellte eine erhebliche Herausforderung für die ägyptische Regierung dar, die Schwierigkeiten hatte, die unübersichtliche und schwer zugängliche Region zu kontrollieren. Der IS nutzte die Isolation und Armut der Region, um lokale Gemeinschaften zu rekrutieren und seine Aktivitäten fortzusetzen.

Auch in Algerien und Tunesien versuchte der IS, Fuß zu fassen. In Algerien schworen einige radikale Gruppen, die zuvor mit Al-Qaida verbunden waren, dem IS die Treue und führten unter dessen Banner Angriffe durch. In Tunesien, das nach der Revolution von 2011 mit erheblichen politischen und sozialen Spannungen konfrontiert war, führte der IS mehrere hochkarätige Anschläge durch, darunter den Angriff auf das Bardo-Museum in Tunis und das Massaker an Touristen in Sousse im Jahr 2015. Diese Angriffe hatten weitreichende Auswirkungen auf die tunesische Wirtschaft, insbesondere auf den Tourismussektor, und verstärkten die Sicherheitsbedenken in der gesamten Region.

In Südostasien wurde der IS besonders in den Philippinen aktiv, wo er Verbindungen zu lokalen dschihadistischen Gruppen wie Abu Sayyaf und Maute aufbaute. Abu Sayyaf, eine Gruppe, die ursprünglich für ihre Entführungen und Lösegelderpressungen bekannt war, schwor 2014 dem IS die Treue. Die Gruppe änderte ihre Taktiken und Ziele, um mehr mit den globalen Ambitionen des IS in Einklang zu stehen.

Der Höhepunkt der IS-Aktivitäten in den Philippinen war die Belagerung der Stadt Marawi im Mai 2017. Kämpfer der

Maute-Gruppe, unterstützt von Abu Sayyaf, übernahmen die Kontrolle über die Stadt und hielten sie mehrere Monate lang gegen die philippinischen Streitkräfte. Die Belagerung führte zu intensiven Kämpfen, bei denen die Stadt weitgehend zerstört wurde und hunderttausende Menschen vertrieben wurden. Marawi wurde zum Symbol für die Fähigkeit des IS, in Südostasien territorialen Einfluss zu erlangen und lokale Konflikte zu globalisieren.

Auch in Indonesien und Malaysia, zwei der bevölkerungsreichsten muslimischen Länder der Welt, versuchte der IS, Fuß zu fassen. In Indonesien, das eine lange Geschichte dschihadistischer Bewegungen hat, nutzte der IS bestehende Netzwerke, um seine Ideologie zu verbreiten und Anschläge durchzuführen. Die indonesische Gruppe Jemaah Ansharut Daulah (JAD) schwor dem IS die Treue und führte eine Reihe von Terroranschlägen durch, darunter den Angriff auf das Zentrum von Jakarta im Januar 2016.

In Malaysia versuchte der IS ebenfalls, Anhänger zu gewinnen und Angriffe zu planen, obwohl die malaysische Regierung umfangreiche Sicherheitsmaßnahmen ergriff, um dies zu verhindern. Trotz der strengen Überwachung konnte der IS einige Anhänger in Malaysia rekrutieren und kleinere Anschläge durchführen.

Eine der Hauptmethoden des IS bei seiner Expansion war die ideologische Rekrutierung. Die Gruppe nutzte bestehende lokale Konflikte, politische Instabilität und sozioökonomische Unzufriedenheit, um ihre Botschaft zu verbreiten und Anhänger zu rekrutieren. Die Verheißung eines Kalifats, in dem Ungerechtigkeiten beseitigt und ein "reiner" Islam praktiziert wird, zog viele marginalisierte und radikalisierte Individuen an.

Der IS war auch in der Lage, lokale Konflikte für seine Zwecke zu nutzen. In Nordafrika nutzte er das Chaos in Libyen, während er in Südostasien von den langjährigen separatistischen Bewegungen in den Philippinen profitierte. Diese Fähigkeit, lokale Probleme mit seiner globalen Ideologie zu verbinden, war entscheidend für den Erfolg der Gruppe bei der Expansion.

Der IS setzte gezielt militärische Taktiken ein, um seine Expansion zu fördern. Dies umfasste sowohl konventionelle militärische Operationen wie die Belagerung von Städten, als auch unkonventionelle Taktiken wie Guerillakriegsführung und Terroranschläge. In vielen Fällen zielte der IS darauf ab, Gebiete zu erobern und zu kontrollieren, in denen er seine strengen Auslegungen der Scharia durchsetzen konnte.

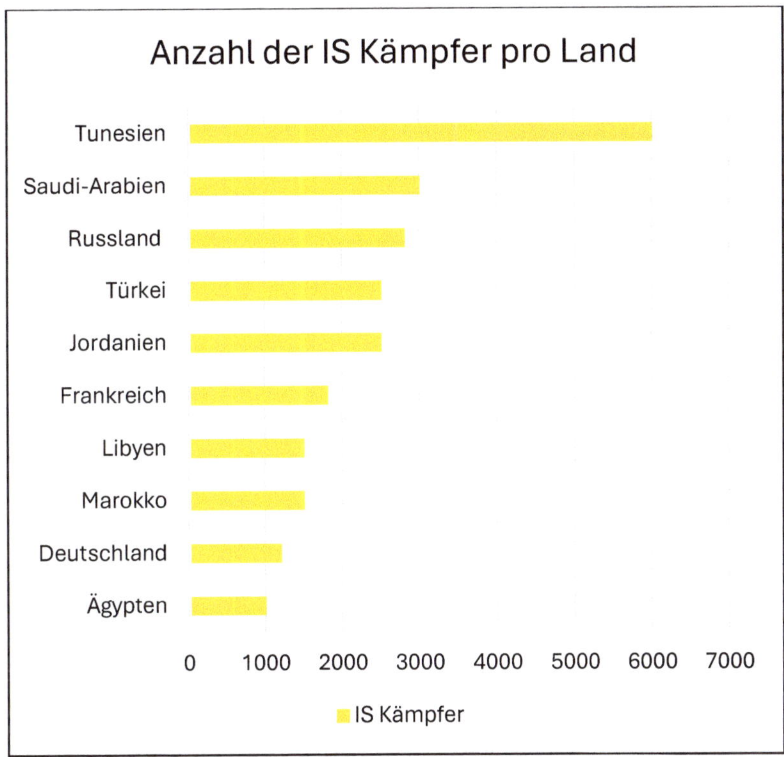

Die Grafik zeigt die Anzahl der IS-Kämpfer pro Land, was auf die Verbreitung und Rekrutierung von Extremisten in verschiedenen Regionen hinweist. Tunesien führt mit 6.000 Kämpfern die Liste an, gefolgt von Saudi-Arabien (3.000) und Russland (2.800).

Diese Zahlen werfen ein Licht auf die geografischen und sozialen Faktoren, die zur Rekrutierung junger Männer in diesen Ländern führen.

Tunesien kann als Beispiel für die Herausforderungen nach dem Arabischen Frühling dienen, wo gesellschaftliche Unruhen und wirtschaftliche Schwierigkeiten einen Nährboden für Extremismus bieten.

Saudi-Arabien steht in der Kritik aufgrund seiner Religionspolitik, die möglicherweise zur Radikalisierung beiträgt, während **Russland** mit seiner ethnischen Vielfalt und geopolitischen Konflikten zu kämpfen hat, die Radikalisierung fördern können.

Die Anzahl der IS-Kämpfer aus **Jordanien**, **Türkei**, **Frankreich**, **Libyen**, **Marokko** und **Deutschland** verdeutlicht, dass der IS auch in westlichen und nordafrikanischen Ländern Anziehungskraft hat.

PARTNERORGANISATION DES ISLAMISCHEN STAAT

Der Islamische Staat (IS) hat mit verschiedenen Organisationen und Gruppen kooperiert, die oft ähnliche ideologische Ziele verfolgen oder aus strategischen Gründen Allianzen eingegangen sind. Diese Gruppen haben verschiedene Rollen gespielt, die von direkter Unterstützung bis hin zur Schaffung von Ablegern des IS reichten.

Boko Haram (Nigeria) schwor dem IS im März 2015 die Treue und wurde zur „Provinz Westafrika" (Wilayat Gharb Ifriqiyyah) des IS. Die Gruppe führte terroristische Operationen in Nigeria und den angrenzenden Ländern durch, wobei sie die Ideologie und Taktiken des IS übernahm. Boko Haram spielte eine Schlüsselrolle bei der Ausbreitung der IS-Ideologie in Westafrika.

Abu Sayyaf (Philippinen) Diese militante Gruppe auf den Philippinen hat dem IS ebenfalls Treue geschworen und operiert unter dem Namen IS-Ostasiatische Provinz. Abu Sayyaf hat den IS durch Entführungen, Lösegelderpressungen und militärische Aktionen in Südostasien unterstützt. Sie trugen zur Verbreitung der IS-Ideologie in der Region bei.

Ansar Bait al-Maqdis (Ägypten/Sinai) Diese Gruppe schwor dem IS im November 2014 die Treue und wurde zur „Provinz Sinai" des IS. Sie führte zahlreiche Angriffe auf ägyptische Sicherheitskräfte und Touristen im Sinai durch. Die Gruppe spielte eine wichtige Rolle bei der Verstärkung der Präsenz des IS in Ägypten und Nordafrika.

Jund al-Khilafah (Algerien) Diese algerische Gruppe hat sich 2014 dem IS angeschlossen und operiert unter der Bezeichnung „Soldaten des Kalifats". Sie führte Angriffe in Algerien durch, darunter die Entführung und Ermordung eines französischen Touristen. Ihre Rolle bestand darin, den IS in Nordafrika zu stärken.

IS im Kaukasus (Russland) Militante aus dem Nordkaukasus, insbesondere aus Tschetschenien und Dagestan, haben dem IS die Treue geschworen und eine eigene „Provinz Kaukasus" gegründet. Diese Gruppe führte Anschläge in Russland durch und rekrutierte Kämpfer für den IS in Syrien und Irak. Sie spielte eine wichtige Rolle bei der internationalen Rekrutierung von Kämpfern.

Taliban-Fraktionen (Afghanistan/Pakistan) Einige Taliban-Fraktionen haben sich dem IS angeschlossen oder kooperiert, insbesondere in der Region Khorasan (Afghanistan/Pakistan), bekannt als „Islamischer Staat Khorasan" (IS-K). Diese Gruppe führte Anschläge gegen die afghanische Regierung und die Taliban durch und förderte die Ausbreitung des IS in Zentralasien.

Libysche Milizen (Libyen) Verschiedene Milizen in Libyen, darunter ehemalige Anhänger von Muammar al-Gaddafi, haben sich dem IS angeschlossen oder kooperiert, um die Kontrolle über Gebiete zu erlangen. Der IS-Libyen war zeitweise eine der stärksten ausländischen Ableger des IS und kontrollierte zeitweise Städte wie Sirte.

Ahrar al-Sham (Syrien) Während des syrischen Bürgerkriegs gab es Phasen der Zusammenarbeit zwischen dem IS und anderen islamistischen Gruppen, insbesondere in der Anfangsphase des Konflikts. Diese Zusammenarbeit diente oft taktischen Zielen, wie gemeinsamen Operationen gegen die syrische Regierung oder rivalisierende Rebellengruppen.

Islamischer Staat in der Provinz Großsahara (ISGS) Diese Gruppe operiert in der Sahelzone, insbesondere in Mali, Niger und Burkina Faso. ISGS entstand 2015 und erklärte 2016 ihre Treue zum IS. Sie führt Angriffe auf lokale Sicherheitskräfte und internationale Truppen durch und spielt eine zentrale Rolle bei der Verbreitung des IS-Einflusses in der Sahelregion.

Islamischer Staat in Jemen Diese Gruppe entstand als Ableger des IS im Jahr 2014 und führte zahlreiche Anschläge gegen die schiitischen Huthi-Rebellen und die jemenitische Regierung durch. Sie konkurriert mit al-Qaida auf der Arabischen Halbinsel (AQAP) um die Vorherrschaft im Jemen, unterstützt jedoch das übergreifende Ziel des IS, einen globalen Kalifatstaat zu errichten.

Islamischer Staat in Somalia Diese Gruppe entstand 2015 als Abspaltung von al-Shabaab, einer mit al-Qaida verbundenen Gruppe. Der IS in Somalia konzentriert sich auf die Rekrutierung und Durchführung von Anschlägen in Somalia und Ostafrika. Ihre Rolle besteht darin, die Präsenz des IS in der Region zu etablieren und zu stärken.

Kaukasus-Emirat (Emarat Kavkaz) Obwohl das Kaukasus-Emirat traditionell mit al-Qaida verbunden war, haben einige

Splittergruppen dem IS die Treue geschworen und agieren in den russischen Nordkaukasus-Regionen. Diese Gruppen führen Anschläge auf russische Sicherheitskräfte durch und rekrutieren Kämpfer für den IS.

Islamische Bewegung Usbekistans (IMU) Die IMU war ursprünglich mit den Taliban und al-Qaida verbunden, aber 2015 schwor eine Fraktion der IMU dem IS die Treue. Diese Gruppe operiert in Zentralasien, insbesondere in Afghanistan, Usbekistan und Tadschikistan, und unterstützt den IS durch Rekrutierung und militärische Operationen.

Wilayat al Sudan al Gharbi (Westafrika, ohne Nigeria) Diese Gruppe, die in verschiedenen westafrikanischen Ländern wie Niger, Tschad und Kamerun aktiv ist, hat sich dem IS angeschlossen und operiert in einer ähnlichen Weise wie Boko Haram. Sie führt Angriffe auf zivile und militärische Ziele durch und verbreitet die IS-Ideologie in Westafrika.

Khorasan-Gruppe in Bangladesch Diese Gruppe hat sich in Bangladesch formiert und dem IS die Treue geschworen. Sie führte mehrere Anschläge auf lokale und internationale Ziele durch, darunter den Angriff auf das Holey Artisan Bakery in Dhaka 2016. Die Gruppe dient als lokaler Arm des IS in Südasien.

Mujahideen Shura Council (Gaza) Eine Gruppe von Salafisten in Gaza, die dem IS die Treue geschworen hat und gelegentlich Raketenangriffe auf Israel durchführt. Diese Gruppe fördert die IS-Ideologie in den palästinensischen Gebieten, ist jedoch in der Region klein.

Maute-Gruppe (Philippinen) Diese Gruppe war maßgeblich am Versuch beteiligt, die Stadt Marawi auf den Philippinen 2017 unter IS-Kontrolle zu bringen. Die Maute-Gruppe hat dem IS die Treue geschworen und spielte eine Schlüsselrolle bei der Ausweitung der IS-Präsenz in Südostasien.

Jamaat Ansar al-Sharia (Libyen) Obwohl diese Gruppe ursprünglich unabhängig war, kam es zu Phasen der Kooperation mit dem IS in Libyen, insbesondere im Rahmen des Bürgerkriegs. Sie unterstützten den IS bei der Kontrolle von Gebieten in Libyen und koordinierten militärische Aktionen.

Wilayat Khurasan in Indien Diese Gruppe ist verantwortlich für die Rekrutierung und Durchführung von Anschlägen in Indien und repräsentiert den IS in Südasien. Ihre Aktivitäten umfassen Propaganda und die Förderung von Anschlägen in Indien.

Al-Mourabitoun (Mali) Diese Gruppe war ursprünglich eine eigenständige dschihadistische Organisation, die unter Mokhtar Belmokhtar operierte. Während einige ihrer Fraktionen al-Qaida treu blieben, haben andere dem IS die Treue geschworen und unterstützen dessen Operationen in Mali und der Sahara.

Wilayat al-Haramayn (Saudi-Arabien) Diese Zelle operiert in Saudi-Arabien und hat der Regierung des Landes den Krieg erklärt. Sie führte mehrere Anschläge auf schiitische Moscheen und Sicherheitskräfte durch. Die Gruppe zielt darauf ab, die Kontrolle über die heiligen Städte Mekka und Medina zu erlangen und die IS-Ideologie in der arabischen Halbinsel zu verbreiten.

Islamischer Staat in Kaschmir Diese Gruppe operiert in der umstrittenen Region Kaschmir und versucht, die IS-Präsenz in Südasien auszubauen. Sie führte Anschläge auf indische Sicherheitskräfte durch und rekrutiert lokale Kämpfer für die IS-Sache.

Islamischer Staat in Kongo (ISCAP) Diese Gruppe, die offiziell als "Islamischer Staat in Zentralafrika" bekannt ist, ist in der Demokratischen Republik Kongo und in Mosambik aktiv. Sie verübt Gewaltakte gegen Zivilisten und Regierungskräfte und versucht, die IS-Präsenz im zentralafrikanischen Raum zu stärken.

Islamischer Staat in Mosambik (Al-Shabaab Mosambik) Diese Gruppe ist in Mosambik aktiv und hat eine starke Präsenz in der Provinz Cabo Delgado. Sie führt brutale Angriffe auf Dörfer und Sicherheitskräfte durch und versucht, eine Provinz unter IS-Kontrolle in Mosambik zu errichten.

Islamischer Staat in Tunesien Diese Gruppe ist in Tunesien aktiv und hat mehrere Anschläge verübt, darunter der Anschlag auf das Bardo-Museum und den Strand von Sousse. Sie rekrutiert lokale Kämpfer und unterstützt die IS-Agenda in Nordafrika.

Wilayat Khurasan in Pakistan Diese Gruppe operiert in Pakistan und Afghanistan, insbesondere in der Region Khyber Pakhtunkhwa. Sie führt Anschläge gegen die pakistanische

Regierung und schiitische Gemeinschaften durch, um die IS-Präsenz in Südasien zu stärken.

Wilayat Algerien Diese Gruppe operiert in Algerien und entstand aus dem algerischen Zweig von al-Qaida. Sie führte Angriffe auf Sicherheitskräfte und Touristen durch und versucht, die IS-Ideologie in Nordafrika zu verbreiten.

Islamischer Staat im Jemen (Wilayat al-Yaman) Diese Gruppe ist eine der kleineren IS-Organisationen und führt sporadische Anschläge im Jemen durch. Sie konkurriert mit al-Qaida auf der Arabischen Halbinsel (AQAP) um die Vorherrschaft in der Region.

Islamischer Staat in der Region Kaukasus (IS-Kaukasus) Diese Gruppe rekrutiert Kämpfer aus dem russischen Nordkaukasus, insbesondere aus Tschetschenien und Dagestan. Sie unterstützt den IS durch Anschläge auf russische Sicherheitskräfte und fördert die IS-Ideologie in der Region.

Wilayat Turkiya (Türkei) Diese Zelle ist in der Türkei aktiv und führte Anschläge gegen die türkische Regierung und Touristen durch. Die Gruppe nutzt die Türkei auch als Transitland für Kämpfer, die nach Syrien und Irak reisen.

Wilayat al-Furat (Syrien/Irak) Diese Region erstreckt sich über den Euphrat und umfasst Gebiete in Syrien und Irak. Die Gruppe operierte hauptsächlich in den von IS kontrollierten Gebieten und koordinierte militärische Operationen entlang des Flusses.

Ansar al-Sharia in Tunesien Diese Gruppe wurde ursprünglich als Teil des globalen Dschihad-Netzwerks betrachtet und operierte unabhängig, bevor sie dem IS die Treue schwor. Sie war an mehreren Anschlägen in Tunesien beteiligt und fördert die IS-Ideologie in Nordafrika.

Wilayat Jazeera (Syrien/Irak) Diese Region umfasst Teile von Syrien und Irak und war eine Schlüsselregion für die Logistik und den Transfer von Kämpfern. Sie diente als strategischer Knotenpunkt für IS-Operationen im Nahen Osten.

Wilayat Hauran (Südsyrien) Diese Gruppe operierte in der Hauran-Region im Süden Syriens und führte Angriffe gegen die syrische Regierung und rivalisierende Rebellen durch. Die Gruppe trug zur territorialen Ausdehnung des IS in Syrien bei.

IS-Partnerorganisationen Standorte

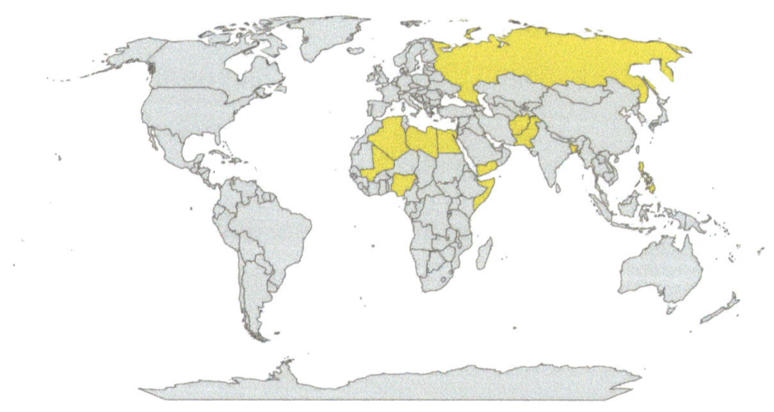

Unterstützt von Bing

DIE ROLLE DER DIASPORA IN DER UNTERSTÜTZUNG DES IS

Die Rolle von Diaspora-Gemeinschaften in der Unterstützung politischer Bewegungen und Konflikte in ihren Heimatländern ist ein vielschichtiges und komplexes Phänomen. Im Falle des Islamischen Staates haben Teile der muslimischen Diaspora in verschiedenen Ländern eine Rolle bei der Unterstützung der Organisation gespielt. Diese Unterstützung manifestierte sich in Form von finanziellen Zuwendungen, Rekrutierung, Propaganda und sogar durch die Reise von Personen in die vom IS kontrollierten Gebiete.

Der Begriff „Diaspora" bezieht sich auf Gemeinschaften, die außerhalb ihres Herkunftslandes leben, oft als Folge von Migration, Flucht oder Vertreibung. Diese Gemeinschaften behalten häufig starke kulturelle, religiöse und soziale Bindungen zu ihrem Heimatland bei und spielen eine wichtige Rolle bei der Aufrechterhaltung der Identität und Traditionen. Diaspora-Gemeinschaften sind jedoch auch Akteure in transnationalen Netzwerken, dic politische, wirtschaftliche und soziale Verbindungen über Ländergrenzen hinweg aufrechterhalten.

Diaspora-Gemeinschaften haben das Potenzial, sowohl positive als auch negative Rollen in den politischen Entwicklungen ihrer Herkunftsländer zu spielen. In vielen Fällen unterstützen Diaspora-Gemeinschaften politische oder militante Bewegungen in ihrem Heimatland durch finanzielle Beiträge,

Lobbyarbeit oder durch die Förderung ideologischer Narrative. Diese Unterstützung kann sowohl auf positiven Beweggründen wie der Förderung von Demokratie und Menschenrechten als auch auf negativen Motivationen wie ethnischem Nationalismus oder religiösem Extremismus basieren.

Im Fall des IS hat ein Teil der muslimischen Diaspora diese transnationalen Netzwerke genutzt, um die Ziele der extremistischen Organisation zu fördern. Diese Unterstützung erfolgte oft durch informelle Kanäle und Netzwerke, die schwer zu überwachen und zu regulieren sind.

Eine der wichtigsten Formen der Unterstützung durch die Diaspora für den IS war finanzieller Natur. Der IS nutzte verschiedene Wege, um Gelder von Anhängern in der Diaspora zu sammeln, einschließlich Spendenaufrufen in sozialen Medien, der Nutzung von Wohltätigkeitsorganisationen als Tarnung und durch die direkte Überweisung von Geldmitteln. Diese finanzielle Unterstützung diente zur Finanzierung von Militäroperationen, zur Versorgung der Kämpfer und zur Aufrechterhaltung der Kontrolle über die besetzten Gebiete.

Einige Mitglieder der Diaspora fühlten sich durch religiöse oder ideologische Überzeugungen motiviert, den IS finanziell zu unterstützen. Andere waren möglicherweise durch familiäre Bindungen oder soziale Drucksituationen gezwungen, Geld zu spenden. Die Nutzung von Kryptowährungen und anderen anonymen Zahlungsmethoden machte es den

Sicherheitsbehörden zudem schwer, diese Transaktionen zu verfolgen und zu unterbinden.

Ein weiterer signifikanter Aspekt der Unterstützung durch die Diaspora war die Rekrutierung von Kämpfern und Anhängern. Der IS betrieb eine ausgeklügelte Propagandamaschine, die vor allem durch soziale Medien und Online-Plattformen funktioniert. Diese Propaganda zielte speziell auf junge Muslime in der Diaspora ab, die sich in ihren Gastländern marginalisiert oder entfremdet fühlten.

Die Rekrutierung erfolgte oft über persönliche Netzwerke, die auf Vertrauen und gemeinsamen religiösen oder ideologischen Überzeugungen basierten. Mitglieder der Diaspora, die in den IS-Gebieten gekämpft hatten, spielten eine wichtige Rolle bei der Rekrutierung, indem sie als Vorbilder dienten und das Leben im „Kalifat“ als erstrebenswert darstellten. Einige Diaspora-Gemeinschaften sahen sich einer Welle von Abwanderungen gegenüber, bei denen junge Männer und Frauen ihre Familien und Länder verließen, um sich dem IS anzuschließen.

Die Rolle der Diaspora in der ideologischen Unterstützung des IS darf nicht unterschätzt werden. Diaspora-Mitglieder, die über eine hohe Bildung und Zugang zu Medienplattformen verfügten, spielten eine entscheidende Rolle bei der Verbreitung der IS-Ideologie. Diese Unterstützung manifestierte sich in der Produktion von Online-Inhalten, die die Ideologie des IS verbreiteten, einschließlich Videos, Blogs und Social-Media-Posts.

Die Verbreitung dieser Propaganda half dem IS, ein globales Publikum zu erreichen und seine Ideologie weit über die Grenzen des Nahen Ostens hinaus zu verbreiten. Insbesondere in westlichen Ländern trug diese Form der Unterstützung dazu bei, den Diskurs über den Islam zu radikalisieren und die Spannungen zwischen muslimischen Gemeinschaften und der Mehrheitsgesellschaft zu verschärfen.

Ein Hauptmotiv für die Unterstützung des IS durch Diaspora-Mitglieder war die ideologische Überzeugung. Einige Muslime in der Diaspora fühlten sich von der Idee eines „islamischen Staates“ angezogen, der nach den Prinzipien der Scharia regiert wird. Die Verheißung einer Rückkehr zu einer „reinen“ Form des Islam und die Möglichkeit, an der Schaffung eines neuen islamischen Gemeinwesens teilzuhaben, bot für manche eine kraftvolle Vision.

Diese ideologische Anziehungskraft wurde durch die Propaganda des IS verstärkt, die den Konflikt als Teil eines größeren globalen Kampfes zwischen dem Islam und dem Westen darstellte. Für einige Mitglieder der Diaspora, die sich in ihren Gastländern entfremdet oder diskriminiert fühlten, bot der IS eine radikale, aber klare Identität und ein Gefühl der Zugehörigkeit.

Politische und soziale Marginalisierung spielte ebenfalls eine bedeutende Rolle bei der Unterstützung des IS durch die Diaspora. In vielen westlichen Ländern sehen sich muslimische Gemeinschaften mit Diskriminierung, Islamophobie und sozialer Ausgrenzung konfrontiert. Diese Erfahrungen der Marginalisierung und die Wahrnehmung, dass die westlichen Regierungen muslimische Länder unterdrücken oder angreifen, können dazu führen, dass einige Mitglieder der Diaspora empfänglich für die radikale Ideologie des IS werden.

Der IS nutzte diese Gefühle der Marginalisierung geschickt aus, indem er sich als Verteidiger der Muslime weltweit präsentierte und seine Anhänger dazu aufrief, sich dem „heiligen Krieg“ anzuschließen. Die soziale Isolation und der Mangel an Perspektiven, die viele junge Muslime in der Diaspora erleben, wurden zu einem fruchtbaren Boden für Radikalisierung und Unterstützung extremistischer Bewegungen.

Emotionale und familiäre Bindungen spielten ebenfalls eine Rolle bei der Unterstützung des IS durch die Diaspora. Einige Mitglieder der Diaspora unterstützten den IS, weil sie Verwandte oder Freunde hatten, die sich der Organisation angeschlossen hatten. In anderen Fällen erfolgte die Unterstützung unter sozialem Druck innerhalb der Gemeinschaft oder aufgrund von Drohungen gegen die Familienangehörigen in den Heimatländern.

In manchen Fällen fühlten sich Familien in der Diaspora moralisch verpflichtet, ihre Verwandten zu unterstützen, die sich in IS-Gebieten aufhielten, insbesondere wenn diese in Schwierigkeiten gerieten oder Unterstützung benötigten. Diese komplexen familiären Verbindungen machten es für die Betroffenen oft schwierig, sich der Unterstützung zu entziehen, selbst wenn sie persönlich nicht von der Ideologie des IS überzeugt waren.

Die Unterstützung des IS durch Mitglieder der Diaspora hatte erhebliche Auswirkungen auf die betroffenen Gemeinschaften, insbesondere in westlichen Ländern. Eine der gravierendsten Folgen war die verstärkte Stigmatisierung und Diskriminierung, der muslimische Gemeinschaften ausgesetzt waren. Die Assoziation des Islam mit Terrorismus, die durch die Handlungen des IS weiter verstärkt wurde, führte zu einem Anstieg von Islamophobie und antimuslimischer Rhetorik.

Diese Stigmatisierung hatte negative Auswirkungen auf das Leben der Muslime in der Diaspora, einschließlich Schwierigkeiten bei der Arbeitssuche, sozialer Isolation und einem Anstieg von Hassverbrechen. Islamfeindliche Straftaten sind in Deutschland von 2022 auf 2023 um 140% gestiegen. Darüber hinaus trugen die Medienberichte über die Beteiligung von Diaspora-Mitgliedern am IS zu einem Misstrauen gegenüber muslimischen Gemeinschaften bei, was die Integration und das Gemeinschaftsleben weiter erschwerte.

Die Unterstützung des IS durch Diaspora-Mitglieder führte in vielen Ländern zu einer Verschärfung der Sicherheitsgesetze und der Überwachung muslimischer Gemeinschaften.

Regierungen weltweit führten strengere Maßnahmen ein, um die Rekrutierung und Finanzierung durch den IS zu unterbinden. Dies umfasste die Überwachung von Moscheen, Wohltätigkeitsorganisationen und sozialen Netzwerken sowie die Verhängung von Strafen gegen Personen, die im Verdacht standen, den IS zu unterstützen.

Diese sicherheitspolitischen Maßnahmen führten jedoch auch zu Spannungen innerhalb der muslimischen Gemeinschaften und zur Wahrnehmung, dass sie ungerecht behandelt oder unter Generalverdacht gestellt werden. Die daraus resultierende Überwachung und Kontrollen trugen oft dazu bei, das Gefühl der Marginalisierung zu verstärken, was wiederum eine weitere Radikalisierung fördern konnte.

Langfristig hat die Unterstützung des IS durch Teile der Diaspora-Gemeinschaften zu einer tiefen Spaltung innerhalb dieser Gemeinschaften geführt. Viele Muslime in der Diaspora sahen sich gezwungen, sich klar von den extremistischen Elementen zu distanzieren, was oft zu internen Konflikten und Spannungen führte. Gleichzeitig wurde die Beziehung zwischen den Diaspora-Gemeinschaften und den Gastländern durch das Misstrauen und die Sicherheitsmaßnahmen nachhaltig beeinträchtigt.

Die Notwendigkeit, den Dialog und das Verständnis innerhalb der Diaspora-Gemeinschaften sowie zwischen diesen Gemeinschaften und der Mehrheitsgesellschaft zu fördern, wurde durch diese Entwicklungen noch dringlicher. Eine zentrale Herausforderung bleibt es, Wege zu finden, um die Radikalisierung zu verhindern und gleichzeitig die Integration und das Zusammenleben zu fördern.

Die Rolle der Diaspora in der Unterstützung des Islamischen Staates war komplex und vielschichtig. Obwohl nur eine kleine Minderheit der muslimischen Diaspora aktiv zur Unterstützung des IS beigetragen hat, hatten ihre Handlungen weitreichende Folgen für die betroffenen Gemeinschaften und ihre Beziehungen zu den Gastländern. Die Unterstützung erfolgte in verschiedenen Formen, darunter finanzielle Zuwendungen, Rekrutierung, Propaganda und ideologische Unterstützung, und basierte auf einer Mischung aus ideologischen Überzeugungen, politischer und sozialer Marginalisierung sowie emotionalen und familiären Bindungen.

Die Auswirkungen dieser Unterstützung waren tiefgreifend, sowohl für die Diaspora-Gemeinschaften selbst als auch für ihre Beziehung zu den Gastländern. Die Herausforderungen, die sich aus diesen Entwicklungen ergeben, erfordern eine kontinuierliche Auseinandersetzung mit den Ursachen der Radikalisierung, die Förderung eines positiven Dialogs und die Unterstützung von Integrationsmaßnahmen, die auf die spezifischen Bedürfnisse und Realitäten der muslimischen Diaspora abgestimmt sind. Nur durch eine solche umfassende und differenzierte Herangehensweise kann es gelingen, die Spaltungen zu überwinden und die Resilienz gegenüber extremistischen Ideologien zu stärken.

KINDERSOLDATEN UND DER IS: DIE „KÄLBERGENERATION"

Die Praxis, Kindersoldaten in bewaffneten Konflikten einzusetzen, ist ein verabscheuungswürdiges Phänomen, das im Laufe der Geschichte in verschiedenen Regionen der Welt zu beobachten war. Der Islamische Staat (IS) war keine Ausnahme. Eine besonders alarmierende Entwicklung war die systematische Rekrutierung und Indoktrinierung von Kindern, die der IS als „Kälbergeneration" bezeichnete. Diese Praxis diente nicht nur der Verstärkung seiner militärischen Reihen, sondern auch der Sicherung der ideologischen Kontinuität.

Die Bezeichnung „Kälbergeneration" (arabisch: „Ashbal al-Khilafa", wörtlich „die Löwenjungen des Kalifats") unterstreicht den Anspruch des IS, eine neue Generation heranzuziehen, die von Geburt an in seiner extremistischen Ideologie sozialisiert wird. Die „Kälber" sollten die Kämpfer von morgen werden, die dazu erzogen werden, das Kalifat zu verteidigen und seine Werte zu verbreiten. Der Begriff suggeriert auch die Unschuld und Formbarkeit der Kinder, die von Anfang an in einem Umfeld aufwuchsen, das von Gewalt, religiösem Extremismus und totalitärer Kontrolle geprägt war. Ziel dieser Praxis war es, eine Generation von Kindern zu schaffen, die keine alternative Realität kannte und die bereit war, für die Ideale des IS zu kämpfen und zu sterben.

Der IS verfolgte bei der Rekrutierung und Indoktrinierung von Kindern einen vielschichtigen Ansatz. Kinder wurden sowohl in den vom IS kontrollierten Gebieten als auch aus dem Ausland rekrutiert. Es gab verschiedene Mechanismen, durch die Kinder in die Reihen des IS gelangten.

Rekrutierung in den IS-kontrollierten Gebieten: In den von ihm beherrschten Regionen, insbesondere in Syrien und im Irak, zwang der IS Kinder und Jugendliche, sich seinen Reihen anzuschließen. Die Rekrutierung erfolgte oft durch Zwang, entweder direkt durch Entführungen oder durch Druck auf die Familien. In vielen Fällen waren es Waisenkinder oder Kinder, deren Eltern getötet oder inhaftiert wurden, die besonders anfällig für die Rekrutierung waren.

Indoktrinierung in Schulen und Trainingslagern: Der IS betrieb in den von ihm kontrollierten Gebieten ein Netzwerk von Schulen und Ausbildungslagern, in denen die Kinder einer intensiven ideologischen Schulung unterzogen wurden. Der Lehrplan in diesen Schulen konzentrierte sich auf die Lehren des extremistischen Salafismus, die Legitimation von Gewalt und die Verherrlichung des Märtyrertods. In den Trainingslagern erhielten die Kinder militärisches Training, das den Umgang mit Waffen, Nahkampf und die Durchführung von Selbstmordattentaten umfasste. Sie wurden dabei als vollwertige Kämpfer ausgebildet, ohne Rücksicht auf ihr Alter oder ihre emotionale Reife.

Erziehung durch Familienmitglieder: In vielen Fällen spielten die Eltern oder Verwandten der Kinder eine Schlüsselrolle bei ihrer Radikalisierung. Familien, die sich dem IS angeschlossen hatten, brachten ihre Kinder aktiv in die Strukturen der Gruppe ein. Diese Kinder wuchsen in einer Umgebung auf, in der die Ideologie des IS als selbstverständlich und absolut galt. Eltern, die in den Dienst des IS traten, sahen oft die Erziehung ihrer Kinder als eine religiöse Pflicht an, die darin bestand, sie als loyale Anhänger des Kalifats heranzuziehen.

Der IS setzte Kinder auf brutale Weise in militärischen Operationen ein. Diese Praxis verstieß nicht nur gegen internationale Menschenrechtsstandards, sondern hatte auch tiefgreifende Auswirkungen auf die betroffenen Kinder.

Kindersoldaten in Kampfhandlungen: Kinder wurden als Kämpfer an vorderster Front eingesetzt, oft in besonders gefährlichen Missionen. Sie dienten als Scharfschützen, Wachen und Teilnehmer an Angriffen. Da sie leichter zu manipulieren waren und weniger Angst vor dem Tod hatten, wurden sie häufig in besonders riskante Situationen geschickt.

Selbstmordattentate: Besonders schockierend war die systematische Ausbildung von Kindern zu Selbstmordattentätern. Der IS stellte diese Kinder als „Märtyrer" dar, die durch ihren Tod für den Islam und das Kalifat kämpften. Kinder wurden in Autos oder mit Sprengstoffgürteln in dicht besiedelte Gebiete geschickt, um sich und andere in die Luft zu sprengen. Diese Praxis war ein besonders zynischer Ausdruck der

Bereitschaft des IS, selbst die Jüngsten für seine Ziele zu opfern.

Zwangsrekrutierung von Minderjährigen für Logistik und Unterstützung: Neben ihrer Rolle als Kämpfer wurden Kinder auch für logistische Aufgaben eingesetzt. Sie fungierten als Kuriere, Spione und wurden in der Herstellung von Sprengstoff geschult. Darüber hinaus wurden sie oft als „menschliche Schutzschilde“ verwendet, um Kämpfer und strategische Stellungen des IS zu schützen.

Die Rekrutierung und der Einsatz von Kindern als Soldaten und Kämpfer hatten tiefgreifende psychologische und soziale Konsequenzen. Kinder, die in den Reihen des IS dienten, waren extremen physischen und psychischen Belastungen ausgesetzt. Dies führte zu schweren Traumata, die das gesamte weitere Leben dieser Kinder prägten.

Psychologische Traumata: Kinder, die als Soldaten eingesetzt wurden, litten oft unter posttraumatischen Belastungsstörungen (PTBS), Depressionen, Angstzuständen und anderen psychischen Störungen. Der ständige Kontakt mit Gewalt, der Verlust von Familienmitgliedern und die Teilnahme an Tötungen hinterließen tiefe seelische Wunden. Diese Kinder hatten häufig Schwierigkeiten, nach dem Ende ihrer Zeit beim IS in ein normales Leben zurückzukehren und litten unter anhaltenden psychischen Problemen.

Entfremdung und soziale Isolation: Kinder, die in den Reihen des IS aufwuchsen, hatten oft nur wenig Kontakt zur

Außenwelt und wuchsen in einer Umgebung auf, die stark von den extremistischen Lehren des IS geprägt war. Diese Kinder waren in vielen Fällen von der Gesellschaft isoliert und hatten Schwierigkeiten, nach dem Ende des IS ihren Platz in der Gesellschaft zu finden. Viele von ihnen wurden in den Gemeinschaften, in die sie zurückkehrten, stigmatisiert und abgelehnt.

Verlust der Kindheit und Bildung: Kinder, die vom IS rekrutiert wurden, verloren oft jegliche Möglichkeit auf eine normale Kindheit. Sie wurden von der Schule ferngehalten und erhielten stattdessen eine „Ausbildung", die ausschließlich darauf abzielte, sie zu Kämpfern zu machen. Dieser Verlust an Bildung und sozialen Erfahrungen erschwerte es ihnen, nach dem Ende ihrer Zeit beim IS ein normales Leben zu führen und sich in die Gesellschaft zu integrieren.

Die internationale Gemeinschaft hat den Einsatz von Kindersoldaten durch den IS weitgehend verurteilt und versucht, Maßnahmen zur Bekämpfung dieses Phänomens zu ergreifen. Die Vereinten Nationen (UN) und verschiedene Nichtregierungsorganisationen haben Programme zur Wiedereingliederung von Kindersoldaten gestartet, um ihnen psychologische Unterstützung und Bildung zu bieten.

Rehabilitierung und Wiedereingliederung: Die Wiedereingliederung von ehemaligen Kindersoldaten in die Gesellschaft stellt eine enorme Herausforderung dar. Psychologische Betreuung, Schulbildung und soziale Unterstützung sind entscheidend, um diesen Kindern zu helfen, die traumatischen Erlebnisse zu verarbeiten und ein normales Leben zu führen. Die Rückkehr von Kindersoldaten in ihre Herkunftsländer, insbesondere in Europa und Nordafrika, ist jedoch oft schwierig, da sie nicht nur als Opfer, sondern auch als potenzielle Täter betrachtet werden.

Rechtliche und politische Probleme: Viele Länder stehen vor der Frage, wie sie mit rückkehrenden Kindersoldaten umgehen sollen, insbesondere mit denen, die an gewalttätigen Handlungen beteiligt waren. Die Frage der strafrechtlichen Verantwortlichkeit stellt ein erhebliches Dilemma dar, da viele dieser Kinder unter Zwang oder in einem Zustand der ideologischen Verblendung handelten. Internationale Menschenrechtsorganisationen drängen darauf, diese Kinder in erster Linie als Opfer zu betrachten und Maßnahmen zur Reintegration und Rehabilitierung zu ergreifen.

Präventive Maßnahmen: Die Prävention der Rekrutierung von Kindersoldaten bleibt eine zentrale Herausforderung. Es besteht dringender Bedarf an umfassenden Maßnahmen, die nicht nur militärische, sondern auch soziale, wirtschaftliche und politische Ansätze umfassen. Dazu gehört die Bekämpfung von Armut, die Schaffung von Bildungschancen und die Förderung sozialer Integration, um das Umfeld, das zur Radikalisierung von Kindern führt, zu bekämpfen.

FRAUEN IM ISLAMISCHEN STAAT: ROLLE, IDEOLOGIE UND REKRUTIERUNG

Eine weniger beachtete, aber äußerst wichtige Dimension seiner Organisation war jedoch die Rolle von Frauen. Frauen spielten innerhalb des IS eine komplexe und oft widersprüchliche Rolle, die sowohl ideologisch als auch praktisch durch die dschihadistische Interpretation des Islams bestimmt wurde. Während sie in der Öffentlichkeit weitgehend unsichtbar bleiben sollten, war ihre Rekrutierung, Indoktrinierung und aktive Teilnahme an den Strukturen des Kalifats ein zentraler Bestandteil der Strategie des IS.

Die Ideologie des IS in Bezug auf Frauen gründete sich auf eine extremistische, salafistische Auslegung des Islams, die sich an einer ultra-konservativen Interpretation der Scharia orientierte. In diesem Verständnis wurden Frauen als untergeordnete Mitglieder der Gesellschaft angesehen, deren Hauptaufgaben in der Erfüllung häuslicher Pflichten, der Geburt von Kindern und der Unterstützung ihrer männlichen Verwandten im Dschihad bestanden. Diese patriarchalische Vorstellung von Geschlechterrollen war zentral für die Aufrechterhaltung der sozialen Ordnung innerhalb des Kalifats.

Frauen wurde eine doppelte Rolle zugeschrieben: Einerseits wurden sie als „Beschützerinnen" der dschihadistischen Ideologie angesehen, deren Aufgabe es war, die nächste Generation von Kämpfern zu erziehen und zu indoktrinieren.

Andererseits waren sie auch Opfer systematischer Unterdrückung und Kontrolle, insbesondere in Form strenger Kleiderordnungen, Bewegungseinschränkungen und Zwangsehen.

Der IS propagierte ein Frauenbild, das stark auf der Rolle als Ehefrau und Mutter basierte. Frauen sollten eine zentrale Rolle im Fortbestand des Kalifats spielen, indem sie Kinder – insbesondere Söhne – zur Welt brachten und erzogen. Diese Kinder sollten von Geburt an im Sinne der Ideologie des IS geprägt werden, um die nächste Generation von Kämpfern zu sichern. Die „Heilige Mutterschaft“ wurde in der Propaganda des IS stark idealisiert. Frauen, die ihre Rolle als Mütter und Ehefrauen erfüllten, wurden als entscheidend für den langfristigen Erfolg des Kalifats betrachtet.

Innerhalb dieser patriarchalen Struktur wurde die Rolle der Frau auch als eine Form der ideologischen Kriegsführung dargestellt: Während die Männer an vorderster Front kämpften, sollten Frauen das Kalifat von innen stabilisieren. Die Geburt und Erziehung vieler Kinder galt als eine religiöse und politische Pflicht. Frauen, die diese Rolle akzeptierten und erfüllten, wurden als moralisch überlegen dargestellt, während Frauen, die sich dieser Ordnung widersetzten oder die traditionelle Rolle infrage stellten, als abtrünnig oder unislamisch galten.

Obwohl die Rolle von Frauen primär auf die häusliche Sphäre beschränkt war, wurden sie in einigen Fällen auch in militärischen und administrativen Funktionen eingesetzt. Besonders bemerkenswert war die Schaffung der sogenannten „Al-Khansaa-Brigade“, einer rein weiblichen Religionspolizei. Diese Brigade war verantwortlich für die Überwachung und Durchsetzung der strengen Kleidervorschriften und Verhaltensregeln, die der IS Frauen auferlegte. Frauen dieser Brigade patrouillierten auf den Straßen der vom IS kontrollierten Gebiete und sorgten dafür, dass andere Frauen die islamischen Normen befolgten, wie sie der IS interpretierte.

Die Existenz der Al-Khansaa-Brigade verdeutlicht, dass Frauen im IS nicht nur passive Opfer waren, sondern auch aktiv an der Aufrechterhaltung der Ordnung des Kalifats beteiligt waren. Die Mitglieder dieser Brigade hatten beträchtliche Macht über andere Frauen und waren verantwortlich für Bestrafungen bei Verstößen gegen die strengen Verhaltensregeln. Diese Machtpositionen boten einigen Frauen die Möglichkeit, innerhalb der dschihadistischen Hierarchie aufzusteigen, auch wenn sie weiterhin der ideologischen Unterordnung gegenüber Männern unterworfen blieben.

Die Rekrutierung von Frauen war ein zentraler Bestandteil der globalen Strategie des IS. Insbesondere westliche Frauen und Frauen aus muslimischen Ländern wurden gezielt durch Propaganda angesprochen, die ein idealisiertes Bild des Lebens im Kalifat zeichnete. Der IS stellte das Leben im Kalifat als spirituell erfüllend und als Möglichkeit dar, den Islam in seiner „reinsten“ Form zu leben, ohne durch westliche oder säkulare Werte beeinflusst zu werden.

Propaganda und soziale Medien: Der IS nutzte soziale Medien und Online-Plattformen intensiv, um Frauen weltweit zu rekrutieren. Professionell produzierte Videos, Blogs und Magazine wie „Dabiq“ und „Rumiyah“ zielten darauf ab, das Leben im Kalifat als utopisch und moralisch überlegen darzustellen. Frauen wurden durch emotionale und religiöse Appelle dazu ermutigt, dem Ruf des Kalifats zu folgen und sich in Syrien oder dem Irak niederzulassen. Sie sollten sich als Ehefrauen von Kämpfern, Mütter und Erzieherinnen der nächsten Generation von Dschihadisten verstehen.

Rollen in der Diaspora: Auch Frauen in der muslimischen Diaspora in Europa und Nordamerika wurden gezielt angesprochen. Viele Frauen, die in diesen Ländern aufwuchsen, litten unter Identitätskrisen, Diskriminierung und dem Gefühl der Entfremdung ihrer Umgebung. Der IS bot ihnen eine vermeintlich klare und moralisch überlegene Identität und versprach eine Gemeinschaft, in der sie ihre religiösen Überzeugungen frei leben könnten. Die Propaganda hob die Rolle der Frau als Teil eines globalen Kampfes hervor, der nicht nur auf dem Schlachtfeld, sondern auch in den Häusern und Familien geführt wurde.

Zwang und Manipulation: Neben freiwilliger Rekrutierung setzte der IS auch auf Zwang und Manipulation. Frauen, die in den vom IS kontrollierten Gebieten lebten, hatten oft keine Wahl, als sich den dschihadistischen Strukturen anzupassen. Viele Frauen wurden zwangsverheiratet, häufig an ausländische Kämpfer, die in die Region gekommen waren, um sich dem IS anzuschließen. Diese Frauen hatten kaum Kontrolle über ihr Leben und waren Opfer eines Systems, das sie auf ihre Rolle als Ehefrauen und Mütter reduzierte.

Ein besonders dunkles Kapitel der Rolle von Frauen im IS betrifft die weit verbreitete sexuelle Gewalt, die systematisch gegen Frauen angewendet wurde. Insbesondere nicht-muslimische Frauen, wie Jesidinnen, wurden als „Kriegsbeute" betrachtet und in großer Zahl versklavt. Diese Praxis war fest in der dschihadistischen Ideologie des IS verankert, die solche Formen der Versklavung und Vergewaltigung religiös rechtfertigte. Der IS rechtfertigte die Versklavung von Frauen als Wiederbelebung einer Praxis, die angeblich in den frühen Tagen des Islams erlaubt war. Jesidische Frauen wurden in großer Zahl gefangen genommen, verkauft und als Sexsklavinnen missbraucht.

Die sexuelle Gewalt war ein systematischer Bestandteil der Kriegsführung des IS und diente sowohl als Mittel zur Belohnung von Kämpfern als auch zur Unterdrückung der nicht-muslimischen Bevölkerung. Viele Frauen wurden gezwungen, mehrere Ehen einzugehen, wobei sie nach dem Tod ihres „Ehemannes" sofort einem anderen Kämpfer zugeteilt wurden. Diese Praxis hinterließ traumatisierte Opfer und führte zu internationaler Empörung.

Es ist wichtig zu betonen, dass Frauen im IS sowohl als Opfer als auch als Täterinnen agierten. Viele Frauen wurden in die Strukturen des IS hineingezogen oder gezwungen und hatten wenig Kontrolle über ihr eigenes Schicksal. Andere jedoch beteiligten sich aktiv an der Umsetzung der dschihadistischen Ideologie. Sie trugen dazu bei, andere Frauen zu überwachen, waren an der Rekrutierung beteiligt und unterstützten das Kalifat auf vielfältige Weise.

Diese Doppelfunktion als Opfer und Täterinnen erschwert die Bewertung der Rolle von Frauen im IS. Viele der Frauen, die in den vom IS kontrollierten Gebieten lebten, waren gezwungen, sich dem dschihadistischen System anzupassen, um zu überleben. Andere hingegen suchten aktiv nach Wegen, innerhalb dieses Systems Macht zu erlangen und trugen bewusst zur Aufrechterhaltung der extremistischen Ordnung bei.

Die Frage der Rückkehr von Frauen, die sich dem IS angeschlossen haben, stellt eine erhebliche Herausforderung dar. Viele dieser Frauen kehrten nach dem Fall des Kalifats in ihre Herkunftsländer zurück, insbesondere nach Europa, Nordafrika und Zentralasien. Die Gesellschaften, in die sie zurückkehrten, standen vor der schwierigen Aufgabe, zu entscheiden, wie sie mit diesen Frauen umgehen sollten.

Die strafrechtliche Verfolgung von Frauen, die sich dem IS angeschlossen hatten, variiert von Land zu Land. Einige Länder betrachten diese Frauen als Kriminelle und Terroristinnen und verfolgen sie entsprechend strafrechtlich. Andere Länder sehen sie eher als Opfer, insbesondere wenn sie unter Zwang oder Täuschung in die Strukturen des IS gelangt sind.

DIE FINANZIERUNG DES TERRORS: ÖKONOMISCHE GRUNDLAGEN DES ISLAMISCHEN STAATES

Der "Islamische Staat" stellte in den letzten Jahren eine der gefährlichsten terroristischen Organisationen dar, deren finanzielle Infrastruktur es ermöglichte, großflächige Operationen zu planen, durchzuführen und Gebiete zu kontrollieren. Die Fähigkeit des IS, sich selbst zu finanzieren, war ein Schlüssel zu seiner Macht und seinem Einfluss. Anders als viele andere terroristische Organisationen, die stark auf externe Spenden angewiesen sind, entwickelte der IS ein diversifiziertes und autarkes Finanzierungsmodell, das sich auf die Kontrolle von Territorium, die Ausbeutung von Ressourcen und die Erpressung von lokalen Bevölkerungen stützte.

Die Wurzeln des Finanzierungsmodells des IS lassen sich bis zur Zeit von Al-Qaida im Irak (AQI) zurückverfolgen, der Vorgängerorganisation des IS. AQI, unter der Führung von Abu Musab al-Zarqawi, finanzierte sich hauptsächlich durch Spenden von Unterstützern im Ausland, insbesondere aus den Golfstaaten. Diese Abhängigkeit von externen Geldgebern brachte jedoch auch Verwundbarkeiten mit sich, da die Finanzierung stark von der politischen Unterstützung und den wirtschaftlichen Bedingungen in den Geberländern abhing.

Mit der Gründung des IS und insbesondere nach der Eroberung großer Gebiete im Irak und in Syrien entwickelte die Gruppe ein komplexes Finanzierungsmodell, das es ihr ermöglichte, weitgehend unabhängig von externen Spenden zu operieren. Durch die Kontrolle über Gebiete mit bedeutenden wirtschaftlichen Ressourcen konnte der IS eine breite Palette von Einnahmequellen erschließen.

Ein zentrales Element des Finanzierungsmodells des IS war die territoriale Kontrolle. Durch die Eroberung und Verwaltung von Gebieten im Irak und Syrien konnte der IS auf die dort vorhandenen wirtschaftlichen Ressourcen zugreifen und eine Art „Schattengouvernement“ errichten. Diese Kontrolle ermöglichte es dem IS, Steuern und Abgaben zu erheben, den Handel zu regulieren und lokale Industrien zu nutzen, um Einnahmen zu generieren.

Die Verwaltung dieser Gebiete erfolgte nach einem strikten bürokratischen Modell, das auf die Maximierung der Einnahmen ausgerichtet war. Der IS etablierte eine umfassende Steuer- und Abgabensystem, das alle Aspekte des wirtschaftlichen Lebens in den besetzten Gebieten erfasste. Gleichzeitig kontrollierte die Organisation den Zugang zu grundlegenden Dienstleistungen wie Wasser, Elektrizität und Sicherheit, was es ihr ermöglichte, die lokale Bevölkerung effektiv zu erpressen.

Eine der wichtigsten Einnahmequellen des IS war der illegale Handel mit Öl. Nach der Eroberung von Ölfeldern im Irak und Syrien begann der IS, diese Ressourcen systematisch auszubeuten. Die Gruppe betrieb mehrere Ölfelder, Raffinerien und Transportrouten, die es ihr ermöglichten, Rohöl sowohl lokal als auch international zu verkaufen.

Das Öl wurde oft zu einem stark reduzierten Preis auf dem Schwarzmarkt verkauft, was den IS zu einem wichtigen Akteur auf dem illegalen Ölmarkt machte. Käufer waren sowohl lokale Schmuggler als auch internationale Abnehmer, darunter auch einige, die den Ursprung des Öls verschleierten, um Sanktionen zu umgehen. Die Einnahmen aus dem Ölhandel machten zu Spitzenzeiten schätzungsweise mehrere Millionen Dollar pro Tag aus und bildeten somit das Rückgrat der IS-Finanzierung.

Ein weiteres bedeutendes Element der IS-Finanzierung war das ausgeklügelte System von Steuern und Abgaben, das die Organisation in den von ihrem kontrollierten Gebieten einführte. Der IS erhob Steuern auf nahezu alle wirtschaftlichen Aktivitäten, einschließlich Handel, Landwirtschaft und Dienstleistungen. Zusätzlich wurden spezielle „Schutzgelder" von Minderheiten und wohlhabenden Einzelpersonen verlangt, die sich nicht an den dschihadistischen Ideologien der Gruppe orientierten.

Die „Jizya", eine historische Kopfsteuer für nicht-muslimische Bewohner, wurde ebenfalls in den vom IS kontrollierten Gebieten wieder eingeführt und zwang religiöse Minderheiten, erhebliche Summen zu zahlen, um weiterhin in ihren Häusern leben zu dürfen. Diese Maßnahmen führten zu einer erheblichen finanziellen Ausbeutung der lokalen Bevölkerung und trugen maßgeblich zur wirtschaftlichen Stabilität des IS bei.

Erpressung war ein weiteres wesentliches Mittel zur Finanzierung des IS. Die Gruppe nutzte die Unsicherheit und das

Chaos in den von ihrem kontrollierten Gebieten, um systematisch Erpressungsgelder von Unternehmen, wohlhabenden Einzelpersonen und sogar von Hilfsorganisationen zu erheben. Unternehmen wurden gezwungen, „Schutzgelder“ zu zahlen, um weiterhin operieren zu können, während Einzelpersonen oft mit Gewalt oder Entführung bedroht wurden, um Zahlungen zu erzwingen.

Entführungen spielten ebenfalls eine wichtige Rolle in der Finanzierung des IS. Sowohl Ausländer als auch Einheimische wurden entführt, um Lösegeld zu erpressen. Diese Entführungen richteten sich häufig gegen Journalisten, Entwicklungshelfer und Angehörige religiöser Minderheiten. In einigen Fällen forderte der IS Millionenbeträge als Lösegeld, wobei das Versäumnis der Zahlung oft in öffentlichen Hinrichtungen resultierte, die wiederum als Propaganda genutzt wurden.

Plünderungen und Raubzüge waren weitere bedeutende Einnahmequellen des IS, insbesondere in den frühen Stadien seiner Expansion. Nachdem der IS Gebiete erobert hatte, plünderte er systematisch staatliche und private Institutionen, darunter Banken, Verwaltungsgebäude und Militärlager. Der spektakulärste dieser Raubzüge war die Eroberung der irakischen Stadt Mossul, bei der der IS schätzungsweise bis zu 500 Millionen US-Dollar aus den dortigen Banken erbeutete.

Diese Finanzmittel wurden sofort in die Kriegsführung und in die Verwaltung der eroberten Gebiete investiert, was es dem IS ermöglichte, seine Macht zu festigen und weiter auszubauen. Auch Kunstschätze und Antiquitäten, die in den eroberten Gebieten geraubt wurden, wurden auf dem Schwarzmarkt verkauft und trugen zur Finanzierung bei.

Obwohl der IS in erster Linie auf interne Einnahmequellen setzte, profitierte die Gruppe auch indirekt von internationaler humanitärer Hilfe. In den von Konflikten betroffenen Gebieten, insbesondere in Syrien, gelang es dem IS, Teile der Hilfslieferungen abzufangen oder ihre Verteilung zu kontrollieren. Durch die Kontrolle dieser Ressourcen konnte der IS nicht nur die lokale Bevölkerung beeinflussen, sondern auch humanitäre Güter auf dem Schwarzmarkt verkaufen.

Darüber hinaus gibt es Hinweise darauf, dass der IS auch internationale Finanztransfers genutzt hat, um Gelder von Unterstützern im Ausland zu erhalten. Diese Gelder flossen oft über undurchsichtige Kanäle, die schwer zu verfolgen waren, wie etwa informelle Überweisungssysteme („Hawala“) oder über legale Bankensysteme, die durch Tarnorganisationen genutzt wurden.

Die umfangreichen finanziellen Ressourcen des IS wurden hauptsächlich zur Finanzierung seines militärischen Apparats eingesetzt. Der IS verfügte über eine gut ausgestattete Armee, die sowohl mit leichten als auch mit schweren Waffen, einschließlich erbeuteter moderner Ausrüstung, bewaffnet war. Die Gruppe nutzte ihre finanziellen Mittel, um Waffen, Munition und militärische Ausrüstung zu kaufen, und betrieb eine umfangreiche Logistik, um ihre Truppen in den besetzten Gebieten zu versorgen.

Darüber hinaus wurde ein erheblicher Teil der finanziellen Ressourcen für die Rekrutierung und Bezahlung von Kämpfern verwendet. Der IS bot seinen Kämpfern vergleichsweise hohe Gehälter, was dazu beitrug, eine loyale und motivierte Streitkraft zu schaffen. Zusätzlich wurden Anreize wie Beute aus Plünderungen und die Aussicht auf Macht und Einfluss in den besetzten Gebieten geboten.

Einnahmen des IS 2015
Zahlen in Millionen USD

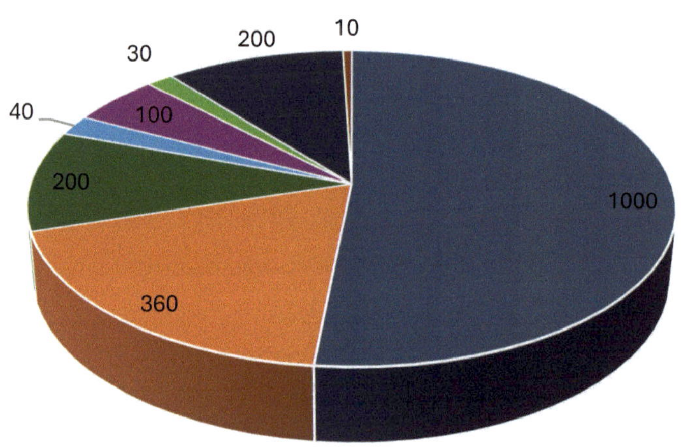

- Ölverkauf
- Erpressung und Schutzgelder
- Plünderungen und Raub
- Menschenhandel
- Antike und Kulturgüter
- Spenden aus dem Ausland
- Landwirtschaft und Handel
- Digitale Kriminalität

DIE BEDEUTUNG VON SYMBOLEN UND RITUALEN IM ISLAMISCHEN STAAT

Der Islamische Staat hat sich nicht nur durch seine brutalen militärischen Taktiken und seine strikte Ideologie ausgezeichnet, sondern auch durch eine gezielte Nutzung von Symbolen und Ritualen, die tief in seiner Identität und Strategie verankert sind. Diese Symbole und Rituale spielten eine zentrale Rolle in der Selbstdefinition des IS und seiner Anhänger, bei der Rekrutierung und Radikalisierung neuer Mitglieder sowie bei der Mobilisierung von Unterstützern auf globaler Ebene. Sie dienten nicht nur dazu, die Gemeinschaft der Anhänger zu stärken, sondern auch dazu, die Feinde des IS zu verunsichern und einzuschüchtern.

Der IS lehnte sich stark an religiöse und historische Symbole und Rituale an, um sich als legitimer Nachfolger des frühen Islam und als Wiederhersteller eines „reinen“ Kalifats zu präsentieren. Die Rückbesinnung auf die Anfänge des Islam und die Verknüpfung mit prophetischen Traditionen dienten dazu, die Ideologie des IS zu legitimieren und die Kontinuität zwischen den Anfängen des Islam und der eigenen Bewegung zu betonen.

Ein zentraler Aspekt der ideologischen Grundlage des IS war die Vorstellung vom Dschihad als heiligem Krieg, der durch religiöse Symbole und Rituale unterstützt und geweiht wurde. Die Verwendung von Symbolen wie der schwarzen Flagge des IS, die auf die Flagge des Propheten Mohammed zurückgeführt wird, oder die Praxis öffentlicher Hinrichtungen als rituelle Reinigung, unterstreichen den Anspruch der Gruppe, im Einklang mit der göttlichen Ordnung zu handeln.

Das Kalifat ist ein zentrales Symbol in der Ideologie des IS und repräsentiert die Einheit und Führerschaft der muslimischen Umma (Gemeinschaft). Der IS erhob den Anspruch, das Kalifat wiederherzustellen, das nach dem Tod des Propheten Mohammed gegründet wurde. Durch die Ausrufung des Kalifats im Jahr 2014 und die symbolische Ernennung von Abu Bakr al-Baghdadi zum Kalifen wollte der IS seine religiöse und politische Autorität über alle Muslime weltweit etablieren.

Das Kalifat war nicht nur ein politisches Konstrukt, sondern auch ein mächtiges Symbol für die Wiederherstellung einer „gerechten" islamischen Ordnung, die in den Augen des IS im modernen Zeitalter verloren gegangen war. Es diente als einheitliches Symbol für die Rekrutierung von Anhängern, die sich von den bestehenden politischen Systemen entfremdet fühlten und nach einer radikalen Alternative suchten.

Eines der bekanntesten Symbole des IS ist die schwarze Flagge, die weithin als das „Banner des Kalifats" oder das „Banner des Dschihad" bekannt ist. Die Flagge zeigt das islamische Glaubensbekenntnis („Schahada") in weißer Schrift auf schwarzem Grund sowie ein rundes Siegel, das den Propheten Mohammed symbolisiert. Dieses Symbol wird bewusst verwendet, um die Verbindung zum frühen Islam und zur ursprünglichen dschihadistischen Bewegung herzustellen.

Die schwarze Flagge dient sowohl als Identitätsmarker für den IS als auch als Machtdemonstration. Sie ist auf zahlreichen Propaganda-Videos, offiziellen Mitteilungen und bei öffentlichen Auftritten von IS-Kämpfern zu sehen. Die Verbreitung der Flagge, insbesondere in Gebieten, die der IS eroberte, symbolisierte die Herrschaft der Gruppe und sollte die Bevölkerung daran erinnern, dass der IS das wahre Kalifat darstellt.

Ein weiteres zentrales Symbol des IS ist der „Shahada"-Fingerzeig, bei dem ein Anhänger seinen Zeigefinger erhebt, um die Einheit Gottes und das islamische Glaubensbekenntnis zu bezeugen. Dieses Symbol wurde in der IS-Propaganda weit verbreitet und diente als visuelles Zeichen der Loyalität zur Ideologie des IS und seiner Vision eines theokratischen Staates.

Der „Shahada"-Fingerzeig wird oft in Propagandabildern und -videos gezeigt, um die Einheit und den Eifer der Kämpfer zu unterstreichen. Dieses Symbol wurde zu einem Erkennungsmerkmal für IS-Anhänger und half, eine visuelle Identität zu schaffen, die Anhänger weltweit miteinander verband und das

Gefühl der Zugehörigkeit und der gemeinsamen Mission verstärkte.

Die öffentlichen Hinrichtungen, die der IS auf Video aufzeichnete und weltweit verbreitete, stellen eine besonders grausame Form von Symbolik dar. Diese Videos waren nicht nur Akte extremer Gewalt, sondern auch tief ritualisierte und symbolisch aufgeladene Handlungen, die in den Kontext des „heiligen Krieges“ gestellt wurden.

Hinrichtungen, insbesondere durch Enthauptung, wurden als rituelle Akte dargestellt, die angeblich durch religiöse Texte gerechtfertigt wurden. Diese Taten dienten als Machtdemonstration und Einschüchterungstaktik und hatten das Ziel, Angst unter den Feinden des IS zu verbreiten, während sie gleichzeitig die Macht und die Entschlossenheit der Gruppe zur Schau stellten. Die Opfer wurden oft als „Ungläubige“ oder „Verräter“ bezeichnet, wodurch der IS seine Gewaltakte als göttlich gerechtfertigt darstellte.

Rituale spielten eine wichtige Rolle bei der Rekrutierung und Indoktrination von neuen Mitgliedern des IS. Die Übergabe der schwarzen Flagge, das Ablegen eines Treueschwurs (Bay'ah) an den Kalifen und die Teilnahme an religiösen Zeremonien, die den Märtyrertod verherrlichen, waren zentrale Elemente, die die Identität und den Zusammenhalt der Gruppe stärkten.

Der Treueschwur war ein besonders bedeutendes Ritual, das symbolisch den Übergang eines Rekruten von einem gewöhnlichen Muslim zu einem „wahren Gläubigen“ und Kämpfer des

Kalifats markierte. Dieser Schwur war nicht nur ein Akt der Loyalität, sondern auch ein Akt der Selbstverpflichtung zu einem Leben im Dienst des Kalifats und, wenn nötig, zum Tod im Kampf.

Das Konzept des Märtyrertods (Schahada) spielte eine zentrale Rolle in der Ideologie des IS und wurde durch spezifische Rituale unterstützt. Potenzielle Märtyrer wurden oft in rituellen Zeremonien geehrt, bei denen ihre bevorstehende Mission als heiliger Akt dargestellt wurde. Diese Rituale umfassten Gebete, das Vorlesen von religiösen Texten und symbolische Handlungen, die den Akt des Opfers als eine gottgefällige Tat hervorhoben.

Märtyrer wurden nach ihrem Tod in der Propaganda des IS als Helden gefeiert, was ihre Handlungen glorifizierte und andere dazu ermutigte, ihnen nachzueifern. Der IS nutzte diese Rituale, um eine Kultur des Martyriums zu schaffen, die tief in die Ideologie der Organisation eingebettet war und eine ständige Bereitschaft zum Opfer und zum Dschihad förderte.

Der IS führte auch eine Reihe von öffentlichen Bestrafungsritualen durch, die stark rituell und symbolisch aufgeladen waren. Diese Bestrafungen, die oft Körperstrafen wie Auspeitschungen, Amputationen oder Steinigungen beinhalteten, wurden als „göttliche Gerechtigkeit" präsentiert und sollten die Einhaltung der Scharia durchsetzen.

Die öffentliche Natur dieser Bestrafungen diente dazu, die Macht des IS zu demonstrieren und die Bevölkerung zu disziplinieren. Sie waren darauf ausgelegt, Angst und Gehorsam zu erzeugen, und verstärkten die Botschaft, dass der IS die absolute Autorität in den von ihm kontrollierten Gebieten darstellte. Solche Rituale waren nicht nur Akte der Strafe, sondern auch der Kontrolle und Einschüchterung.

Symbole und Rituale des IS spielten eine entscheidende Rolle bei der Mobilisierung und Radikalisierung von Unterstützern weltweit. Die klaren und wiedererkennbaren Symbole, wie die schwarze Flagge oder der Shahada-Fingerzeig, ermöglichten es Anhängern, sich mit der Bewegung zu identifizieren, unabhängig davon, wo sie sich befanden. Diese Symbole dienten als visuelle Brücken, die das Gefühl einer globalen Gemeinschaft vermittelten, die durch den Dschihad verbunden war.

Die Ritualisierung von Gewalt und das Märtyrertum motivierten Einzelpersonen, sich dem IS anzuschließen, indem sie eine religiöse und moralische Rechtfertigung für ihre Handlungen boten. Propagandavideos, die diese Rituale zeigten, fungierten als mächtige Werkzeuge der Indoktrination, die potenzielle Rekruten ermutigten, den „heiligen" Weg des Dschihad zu beschreiten.

Symbole und Rituale des IS hatten auch eine starke Wirkung auf die psychologische Kriegsführung. Die gezielte Nutzung von Gewalt, die in Ritualen verankert war, und die Verbreitung dieser Akte durch Propagandakanäle, sollten sowohl Gegner als auch die internationale Gemeinschaft einschüchtern. Die symbolische Kraft dieser Handlungen lag in ihrer Fähigkeit, Furcht und Resignation zu erzeugen, was die

Widerstandskraft des IS und seine Bereitschaft, extreme Maßnahmen zu ergreifen, unterstrich.

Diese psychologische Kriegsführung war darauf ausgelegt, den Gegner zu demoralisieren und die Unterstützung der Bevölkerung in den betroffenen Gebieten zu brechen. Durch die Nutzung von Ritualen und Symbolen als Werkzeuge der Angst und Unterwerfung konnte der IS seine Herrschaft effektiv durchsetzen und festigen.

Die Bedeutung von Symbolen und Ritualen im Islamischen Staat kann nicht unterschätzt werden. Sie spielten eine zentrale Rolle in der Schaffung und Aufrechterhaltung der ideologischen, sozialen und militärischen Struktur der Gruppe. Durch die bewusste und strategische Nutzung von religiösen und historischen Symbolen sowie durch die Ritualisierung von Gewalt und Loyalität konnte der IS eine starke Identität aufbauen, die Anhänger an sich band und Gegner einschüchterte.

Diese Symbole und Rituale ermöglichten es dem IS, eine kohärente und durchsetzungsfähige Bewegung zu schaffen, die in der Lage war, eine globale Unterstützerbasis zu mobilisieren und ihre Feinde mit psychologischen Mitteln zu schwächen. Obwohl der IS heute weitgehend militärisch geschlagen ist, bleiben seine Symbole und Rituale in den Köpfen vieler Menschen verankert und wirken weiter als Erinnerung an die Macht, die der Islamische Staat einst hatte.

IS UND DIE ZERSTÖRUNG KULTURELLEN ERBES: EINE IDEOLOGISCHE STRATEGIE?

Die Zerstörung kulturellen Erbes durch den Islamischen Staat (IS) gehört zu den verheerendsten Aspekten der dschihadistischen Kampagne im Nahen Osten. Historische Stätten, archäologische Funde und religiöse Monumente, die Jahrtausende überdauert hatten, wurden durch den IS systematisch vernichtet. Die Zerstörungen in Städten wie Palmyra, Nimrud und Mosul schockierten die Welt und führten zu internationaler Empörung. Diese Zerstörungen sind jedoch nicht nur Ausdruck von Vandalismus, sondern Teil einer ideologischen Strategie, die tief in der dschihadistischen Weltanschauung des IS verwurzelt ist

Die Zerstörung von Kulturgütern durch den IS lässt sich im Kontext der salafistischen Ideologie als radikale Ablehnung der Geschichte verstehen, die nicht mit dem Islam in Einklang steht. Der IS propagierte die Vorstellung, dass alle Formen der Verehrung oder des Respekts gegenüber kulturellen und religiösen Symbolen außerhalb des Islams als Schirk (Polytheismus) anzusehen sind. Für den IS war die Zerstörung von historischen Stätten, insbesondere solchen, die mit vorislamischen Zivilisationen oder „falschen" religiösen Praktiken in Verbindung standen, ein Mittel zur Auslöschung dieser kulturellen Spuren.

Besonders im Visier des IS standen Orte, die symbolisch für die kulturelle und religiöse Vielfalt der Region standen, wie etwa die Ruinen von Palmyra in Syrien, die für ihre römischen und hellenistischen Einflüsse bekannt waren. Diese Orte stellten für den IS eine Herausforderung dar, da sie als Symbole einer nicht-islamischen Vergangenheit galten, die durch die Schaffung des „Kalifats" aus dem kollektiven Gedächtnis gelöscht werden sollten.

Palmyra: Die antike Oasenstadt Palmyra, die für ihre römischen Tempel, Säulen und Theater bekannt war, wurde im Jahr 2015 von IS-Kämpfern eingenommen. Die Stadt war nicht nur ein bedeutendes kulturelles Erbe Syriens, sondern auch ein UNESCO-Weltkulturerbe. Der IS zerstörte zahlreiche Monumente, darunter den Baal-Tempel und den Bel-Tempel, die als Symbole des heidnischen Götzendienstes betrachtet wurden. Die medienwirksame Sprengung dieser Monumente diente nicht nur der religiösen „Säuberung", sondern auch der globalen Inszenierung der Macht des IS.

Nimrud und Ninive: In Irak zerstörte der IS auch bedeutende archäologische Stätten aus der Zeit des Assyrischen Reichs, darunter Nimrud und Ninive, die zu den ältesten zivilisatorischen Zentren der Menschheit zählen. Die Zerstörung von Statuen, Reliefs und architektonischen Monumenten in diesen Stätten erfolgte teils durch gezielte Sprengungen und teils durch den Einsatz schwerer Maschinen. Diese Handlungen wurden ebenfalls ideologisch begründet und sollten die

Spuren der vorislamischen Zivilisationen des Nahen Ostens auslöschen.

Al-Nuri-Moschee in Mosul: Obwohl die Zerstörung vorislamischer Stätten im Vordergrund stand, griff der IS auch religiöse Stätten an, die dem Islam selbst zuzurechnen sind, wenn sie nicht den dschihadistischen Vorstellungen des IS entsprachen. Ein symbolträchtiges Beispiel ist die Zerstörung der Al-Nuri-Moschee in Mosul, die aus dem 12. Jahrhundert stammte und für ihr schiefes Minarett bekannt war. Der IS sprengte die Moschee im Jahr 2017, kurz bevor die irakischen Streitkräfte Mosul zurückeroberten. Diese Zerstörung symbolisierte die Verweigerung des IS, religiöse Institutionen zu akzeptieren, die nicht mit seiner eigenen Version des Islams übereinstimmten.

Die Zerstörung kulturellen Erbes durch den IS war nicht nur Ausdruck von Vandalismus oder religiösem Fanatismus, sondern auch eine gezielte ideologische Strategie. Diese Strategie verfolgte mehrere Ziele:

Religiöse Reinheit: Die Vernichtung von Kulturgütern diente dem IS dazu, eine symbolische Trennung zwischen der Vergangenheit und der von ihm propagierten „reinen“ islamischen Zukunft herzustellen. Indem der IS religiöse und kulturelle Stätten zerstörte, die mit vorislamischen oder „abweichenden“ islamischen Traditionen in Verbindung standen, stellte er sich als Bewahrer eines „authentischen“ Islams dar. Diese Vorstellung der religiösen Reinheit war zentral für die

Legitimation des „Kalifats" und sollte die religiöse und moralische Überlegenheit des IS gegenüber seinen Feinden demonstrieren.

Propaganda und Einschüchterung: Die Zerstörung kulturellen Erbes hatte auch einen propagandistischen Zweck. Die mediale Verbreitung von Bildern und Videos der Zerstörungen war ein Instrument der Einschüchterung und der Verbreitung von Angst. Der IS nutzte die Zerstörungen, um seine Macht und Entschlossenheit zu demonstrieren und die westliche Welt sowie die internationale Gemeinschaft zu provozieren. Die Zerstörung von Stätten, die als kulturelles Erbe der Menschheit galten, symbolisierte die Ablehnung der globalen Ordnung und der Werte, die mit dieser Ordnung verbunden sind.

Wirtschaftliche Motive: Neben ideologischen und propagandistischen Motiven verfolgte der IS auch wirtschaftliche Ziele. Während der IS bestimmte Kulturgüter öffentlich zerstörte, plünderte er andere Objekte und verkaufte sie auf dem Schwarzmarkt. Die Einnahmen aus dem illegalen Handel mit Antiquitäten dienten zur Finanzierung der Terrororganisation. Dieser Widerspruch – die gleichzeitige Zerstörung und der Handel mit Kulturgütern – verdeutlicht, dass die Handlungen des IS nicht nur ideologisch, sondern auch pragmatisch motiviert waren.

Die Zerstörung kulturellen Erbes durch den IS ist Teil eines breiteren Musters, das sich auch in anderen extremistischen

Bewegungen beobachten lässt. Der Angriff auf kulturelle und religiöse Stätten ist eine Strategie, die darauf abzielt, Identitäten zu untergraben und die soziale Kohärenz von Gemeinschaften zu zerstören. Indem extremistische Gruppen Kulturgüter angreifen, greifen sie die Symbole und Erinnerungen an, die für das kulturelle Selbstverständnis von Gesellschaften zentral sind.

Im Fall des IS diente die Zerstörung dazu, nicht nur eine religiöse „Säuberung" zu vollziehen, sondern auch die Vorstellung von einer globalen islamischen Gemeinschaft zu propagieren, die sich von jeglichen vorislamischen und „unislamischen" Einflüssen befreit hat. Diese Vorstellung eines „reinen" Islams, der sich gegen den Einfluss der Geschichte und der westlichen Moderne durchsetzt, steht im Zentrum der Ideologie des IS und ähnlicher extremistischer Bewegungen.

ENTWICKLUNG DER VOM IS VERWENDETEN TATWAFFEN IN EUROPA

Die Terroranschläge in Europa, die seit 2014 im Namen des Islamischen Staates verübt wurden, haben die Sicherheitslage auf dem Kontinent stark beeinflusst. Eine wichtige Komponente dieser Anschläge ist die Wahl der Tatwaffen, die von Terroristen verwendet wurden.

Im Zeitraum von 2014 bis 2023 lässt sich eine deutliche Entwicklung in der Art der verwendeten Waffen beobachten, die von Schusswaffen und Sprengstoffen hin zu weniger konventionellen Mitteln wie Messern und Fahrzeugen reicht. Diese Analyse beleuchtet die verschiedenen Waffentypen, die in terroristischen Angriffen durch IS-Anhänger oder -Sympathisanten in Europa verwendet wurden, und untersucht die Hintergründe für den Wandel in der Wahl der Tatwaffen.

Seit der Selbstproklamation des Kalifats durch den IS im Jahr 2014 wurden mehrere Anschläge in Europa im Namen der Terrororganisation verübt. Die frühesten Angriffe erfolgten hauptsächlich durch Rückkehrer aus den Kampfgebieten in Syrien und dem Irak, die im Umgang mit Schusswaffen und Sprengstoff ausgebildet waren. Später wurden jedoch zunehmend Einzeltäter radikalisiert, die ohne direkte Verbindung zur Organisation operierten, was sich auch auf die Wahl der Tatwaffen auswirkte.

Zwischen 2014 und 2017 dominierten Schusswaffen und Sprengstoffe als Tatwaffen bei den größten und verheerendsten Anschlägen. Die Täter waren oft gut ausgebildet und hatten Verbindungen zu Netzwerken in den Kampfgebieten des Nahen Ostens.

Die Anschläge in Paris im November 2015, bei denen 130 Menschen starben, wurden mit Sturmgewehren vom Typ Kalaschnikow und Sprengstoffwesten ausgeführt. Diese Waffen zeigten die Fähigkeit der Terroristen, an Kriegswaffen zu gelangen und diese in urbanen Räumen einzusetzen.

Ähnlich wie bei den Pariser Anschlägen wurden auch in Brüssel Schusswaffen und Sprengstoffe verwendet. Die Terroristen nutzten selbstgebaute Sprengsätze und griffen den Flughafen sowie eine U-Bahnstation an.
Der Einsatz solcher Waffen verdeutlicht die Fähigkeit des IS in dieser Phase, komplexe, koordinierte Angriffe mit hohem logistischem Aufwand zu planen.

Die Verfügbarkeit von Kriegswaffen, insbesondere Sturmgewehren, und der Zugang zu Sprengstoffchemikalien stellten die Sicherheitsbehörden in Europa vor große Herausforderungen. Es zeigte sich, dass kriminelle Netzwerke oft als Vermittler für Waffen und Sprengstoff fungierten, was die Beschaffung erleichterte.

Nach 2017 änderte sich das Muster der verwendeten Tatwaffen signifikant. Die zunehmende Zerschlagung des IS in Syrien und im Irak sowie die stärkere Überwachung und Störung terroristischer Netzwerke in Europa erschwerten den Zugang zu schweren Waffen und Sprengstoffen. Dies führte zu einem verstärkten Einsatz leichterer, improvisierter Waffen, die leichter zu beschaffen und unauffälliger zu verwenden waren.

Messer wurden zunehmend zur bevorzugten Waffe von IS-Sympathisanten in Europa, da sie leicht verfügbar, unauffällig und einfach zu handhaben sind. Viele der Attentäter waren Einzeltäter, die durch Online-Propaganda radikalisiert wurden.

Ein bekanntes Beispiel ist der Anschlag auf der Westminster Bridge, bei dem ein Einzeltäter mit einem Fahrzeug Menschen überfuhr und anschließend mit einem Messer mehrere Menschen verletzte.

Bei diesem Anschlag überfuhr der Täter zunächst mit einem Lkw Menschen, bevor er mit einem Messer auf weitere Personen losging. Dieser Angriff zeigt die zunehmende Nutzung von Alltagsgegenständen wie Fahrzeugen in Verbindung mit Messern.

Ab 2016 kam es zu mehreren Anschlägen, bei denen Fahrzeuge als Hauptwaffe eingesetzt wurden. Diese Methode ist besonders verheerend, da sie schwer vorherzusehen und mit geringem Aufwand durchzuführen ist. Der Zugang zu Fahrzeugen ist in Europa fast ungehindert, was diese Waffe für Terroristen besonders attraktiv machte.

Ein Lieferwagen wurde in eine Menschenmenge auf den berühmten Ramblas in Barcelona gesteuert, was zu zahlreichen Toten und Verletzten führte. Solche Anschläge verdeutlichen die Einfachheit, mit der Terroristen unauffällige Fahrzeuge in tödliche Waffen verwandeln können.

Obwohl es in Europa keine großen erfolgreichen Angriffe mit chemischen oder biologischen Waffen gab, gab es 2018 einen Vorfall in Köln, bei dem ein radikalisierter IS-Sympathisant versuchte, einen Anschlag mit Rizin, einem potenten Gift, vorzubereiten. Dieser Vorfall zeigt, dass trotz der Schwierigkeit bei der Beschaffung und Herstellung solcher Waffen IS-Sympathisanten versucht haben, chemische und biologische Mittel für Terrorzwecke einzusetzen.

Nach den großen Anschlägen in den Jahren 2015 und 2016 verschärften die europäischen Sicherheitsbehörden ihre Maßnahmen zur Verhinderung von Terroranschlägen. Grenzkontrollen, Überwachung von Rückkehrern aus Kampfgebieten und strengere Waffengesetze führten dazu, dass schwerere Waffen wie Sturmgewehre und Sprengstoff schwerer zu beschaffen waren.

Die IS-Propaganda in den sozialen Medien spielte eine wichtige Rolle bei der Radikalisierung von Einzeltätern. Die Gruppe forderte Sympathisanten dazu auf, mit einfachen Mitteln, wie Messern oder Fahrzeugen, Anschläge zu verüben, wenn sie keinen Zugang zu komplexeren Waffen hatten.

Während in den frühen Phasen viele Attentäter über direkte Verbindungen zum IS verfügten, änderte sich dies nach 2017 zunehmend. Einzeltäter, die in Europa lebten und sich über das Internet radikalisierten, nahmen zu. Diese Personen hatten selten Zugang zu den gleichen Ressourcen wie die früheren Rückkehrer aus den Kriegsgebieten, was den Einsatz einfacher Waffen förderte.

Die Entwicklung der verwendeten Tatwaffen von 2014 bis 2023 spiegelt die sich verändernde Dynamik des internationalen Terrorismus wider. Während die frühen Anschläge auf schwere Waffen und komplexe Netzwerke zurückgriffen, wurden im Laufe der Jahre improvisierte Waffen wie Messer und Fahrzeuge bevorzugt. Diese Verschiebung ist das Ergebnis verstärkter Sicherheitsmaßnahmen, der Zerschlagung von IS-Netzwerken im Nahen Osten und der Radikalisierung von Einzeltätern in Europa. Die Wahl der Tatwaffen in dieser Zeit verdeutlicht auch die Flexibilität und Anpassungsfähigkeit des IS und seiner Anhänger. Für die europäischen Sicherheitsbehörden bleibt es eine Herausforderung, neue Bedrohungen zu erkennen und zu verhindern, insbesondere in einer Zeit, in der Terroristen zunehmend auf einfache, aber ebenso tödliche Mittel zurückgreifen.

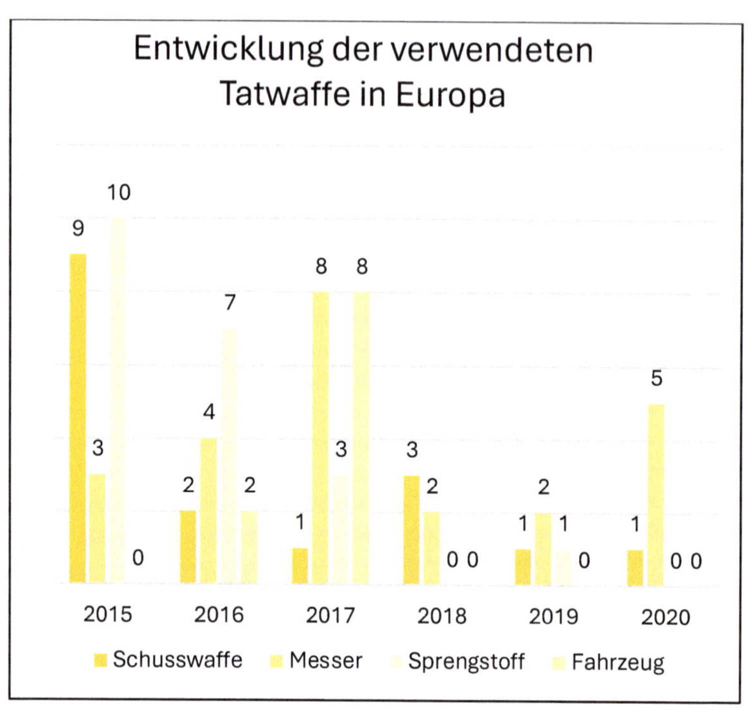
Entwicklung der verwendeten Tatwaffe in Europa
9
3
10
0
2
4
7
2
1
8
3
8
3
2
0 0
1
2
1
0
1
5
0 0
2015
2016
2017
2018
2019
2020
Schusswaffe
Messer
Sprengstoff
Fahrzeug

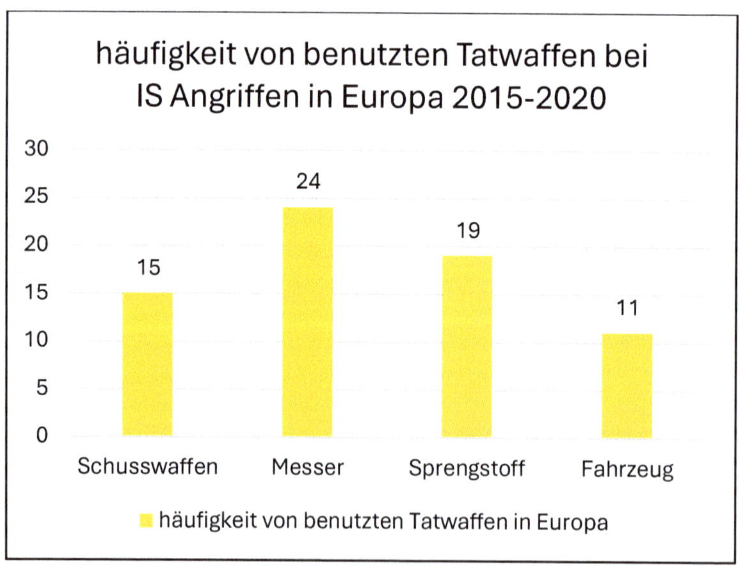
häufigkeit von benutzten Tatwaffen bei IS Angriffen in Europa 2015-2020
30
25
20
15
10
5
0
15
24
19
11
Schusswaffen
Messer
Sprengstoff
Fahrzeug
häufigkeit von benutzten Tatwaffen in Europa

ANSCHLÄGE DES ISLAMISCHEN STAAT WELTWEIT

Naher Osten Irak und Syrien:
Der Irak und Syrien waren die Hauptoperationsgebiete des IS. Während ihrer territorialen Hochphase (2014-2017) verübte die Gruppe regelmäßig Anschläge, um sowohl militärische als auch zivile Ziele anzugreifen.

Bagdad, Irak (2016): Einer der schwersten Anschläge des IS außerhalb von Europa ereignete sich am 3. Juli 2016, als eine Autobombe in einem belebten Einkaufsviertel im Stadtteil Karrada explodierte. Über 300 Menschen kamen ums Leben. Der Anschlag zielte darauf ab, sektiererische Spannungen zwischen Sunniten und Schiiten zu schüren.

Homs und Damaskus, Syrien (2017): Am 25. Februar 2017 verübte der IS einen Doppelselbstmordanschlag in Homs, bei dem 42 Menschen, darunter hochrangige Sicherheitsbeamte, getötet wurden. Am 11. Oktober 2017 griff der IS in Damaskus ein Polizeihauptquartier an, was als Versuch gewertet wurde, die Regierung zu destabilisieren und Angst unter den Bewohnern der Hauptstadt zu verbreiten.

Jemen: Im Jemen war der IS besonders aktiv in den Städten Aden und Sanaa, wo er sich in einen blutigen Konflikt mit al-Qaida auf der Arabischen Halbinsel (AQAP) verstrickte.
Aden (2015): Am 6. Oktober 2015 führte der IS in Aden vier Selbstmordanschläge durch, die auf die Sicherheitskräfte und

ein Hotel abzielten, in dem Regierungsbeamte untergebracht waren. 15 Menschen wurden getötet.

Nigeria: Der IS hat durch die Gruppe „Islamischer Staat in Westafrika“ (ISWAP), einer Abspaltung von Boko Haram, in der Region große Zerstörung angerichtet.
Maiduguri (2016): Am 16. März 2016 griffen Selbstmordattentäter eine Moschee in Maiduguri an, wobei über 25 Menschen starben. Ziel war es, religiöse Spannungen zu verschärfen und die Regierung weiter zu destabilisieren.

Ägypten: In Ägypten hat der IS, insbesondere auf der Sinai-Halbinsel, zahlreiche Angriffe verübt, die sich gegen Sicherheitskräfte und die koptische christliche Minderheit richteten.
Sinai (2017): Der Angriff auf die al-Rawda-Moschee am 24. November 2017, bei dem über 300 Menschen getötet wurden, war der tödlichste in der modernen Geschichte Ägyptens. Der Anschlag richtete sich gegen eine Sufi-Gemeinde, die der IS als unislamisch betrachtete.

Libyen: Libyen, das nach dem Sturz Gaddafis ins Chaos stürzte, wurde ein weiterer wichtiger Operationsraum für den IS.
Tripolis (2015): Am 27. Januar 2015 griffen IS-Kämpfer das Corinthia Hotel in Tripolis an, ein beliebtes Ziel für Diplomaten und Geschäftsleute. Neun Menschen wurden getötet, darunter fünf Ausländer.

Afghanistan: Der IS-Ableger „Islamischer Staat in der Provinz Khorasan“ (IS-K) führte in Afghanistan und Pakistan zahlreiche blutige Anschläge durch.
Kabul (2021): Am 26. August 2021 verübte der IS-K einen Selbstmordanschlag am Flughafen von Kabul während der Evakuierung nach der Machtübernahme der Taliban. 170 Afghanen und 13 US-Soldaten kamen ums Leben. Der Anschlag zielte darauf ab, Chaos zu stiften und die internationale Gemeinschaft zu treffen.

Pakistan:
In Pakistan hat der IS in den letzten Jahren vermehrt religiöse Minderheiten wie Schiiten und Sufis ins Visier genommen.
Quetta (2019): Am 12. April 2019 explodierte eine Bombe in einem belebten Marktviertel von Quetta, das hauptsächlich von der schiitischen Hazara-Gemeinde bewohnt wird. 20 Menschen wurden getötet. Ziel war es, sektiererische Gewalt zu entfachen und die Regierung weiter zu destabilisieren.

Bangladesch:
Der IS begann, in Bangladesch mit der lokalen Gruppe „Jamaat-ul-Mujahideen Bangladesh“ (JMB) zusammenzuarbeiten.
Dhaka (2016): Am 1. Juli 2016 stürmten fünf IS-Terroristen das Holey Artisan Bakery Café in Dhaka und töteten 22 Menschen, darunter 17 Ausländer. Der Angriff zielte darauf ab, die internationale Gemeinschaft zu verunsichern und den Einfluss des IS in Südasien zu festigen.

Karte der IS-Anschläge: Globale Verteilung und Häufigkeit

Unterstützt von Bing

Politische und strategische Ziele
Der IS verfolgt das Ziel, politische Instabilität zu schüren und staatliche Strukturen zu untergraben, um das Machtvakuum auszunutzen und neue Anhänger zu rekrutieren. In Ländern wie Irak, Syrien und Libyen nutzte der IS die Schwäche der Regierungen und die chaotische Situation aus, um Territorien zu kontrollieren und seine Ideologie zu verbreiten.

Religiöse und ideologische Ziele
Der IS zielt auf die religiöse Säuberung und die Schaffung einer homogenen islamistischen Gesellschaft. In Ländern wie Ägypten und Afghanistan wurden gezielt religiöse Minderheiten angegriffen, um Angst zu verbreiten und religiöse Spannungen zu verschärfen.

Psychologische Kriegsführung
Ein weiterer Aspekt der Anschläge ist die Verbreitung von Terror und Angst in der Zivilbevölkerung. Dies geschieht durch besonders brutale und öffentliche Anschläge, die dazu dienen, die Bevölkerung zu demoralisieren und die Wahrnehmung der Machtlosigkeit der Regierungen zu verstärken.

Der IS setzt verschiedene Taktiken ein, um maximale Zerstörung und Angst zu verbreiten:

Selbstmordanschläge: Diese gehören zu den bevorzugten Taktiken, da sie maximalen Schaden anrichten und die Aufmerksamkeit der Medien auf sich ziehen. Die Angriffe zielen oft auf Märkte, Moscheen oder militärische Einrichtungen ab.

Sprengfallen (IEDs): Der Einsatz von improvisierten Sprengsätzen, insbesondere auf Straßen und in städtischen Gebieten, ist eine häufig genutzte Methode, um Sicherheitskräfte und Zivilisten zu treffen.
Geiselnahmen und Massenerschießungen: In Ländern wie Syrien und Libyen wurden zahlreiche Geiselnahmen und Massenexekutionen durchgeführt, um die Bevölkerung zu terrorisieren und politische Gegner zu eliminieren.
Koordinierte Angriffe: Der IS führt häufig koordinierte Angriffe mit mehreren Selbstmordattentätern und Schützen durch, um die Effizienz der Sicherheitskräfte zu überfordern und maximalen Schaden anzurichten.

Humanitäre Auswirkungen

Die Anschläge des IS haben zu massiven humanitären Krisen geführt. Millionen Menschen wurden vertrieben, insbesondere im Irak und in Syrien, wo die Anschläge oft ganze Dörfer und Städte unbewohnbar machten. Die gezielten Angriffe auf religiöse Minderheiten führten zu ethnischen Säuberungen und Genoziden, wie im Fall der Jesiden im Irak.

Politische und gesellschaftliche Auswirkungen

Die Anschläge des IS haben in vielen Ländern zu einer Verschärfung der Sicherheitslage und einer Militarisierung der Gesellschaft geführt. Regierungen reagierten mit repressiven Maßnahmen, die oft zu Menschenrechtsverletzungen führten. In Ländern wie Afghanistan und Libyen hat der IS die politische

Instabilität verstärkt und den Friedensprozess erheblich behindert.

Die globalen Anschläge des Islamischen Staates haben gezeigt, dass die Gruppe trotz ihrer territorialen Verluste eine signifikante Bedrohung darstellt. Ihre Fähigkeit, Terroranschläge zu planen und durchzuführen, basiert auf einer gut vernetzten Struktur und einer Ideologie, die weit über die geografischen Grenzen des Nahen Ostens hinausreicht. Die langfristigen Auswirkungen dieser Anschläge sind in vielen Regionen der Welt noch immer spürbar und erfordern eine anhaltende Wachsamkeit und Zusammenarbeit auf internationaler Ebene, um den Einfluss des IS nachhaltig zu schwächen und die betroffenen Gemeinschaften zu stabilisieren.

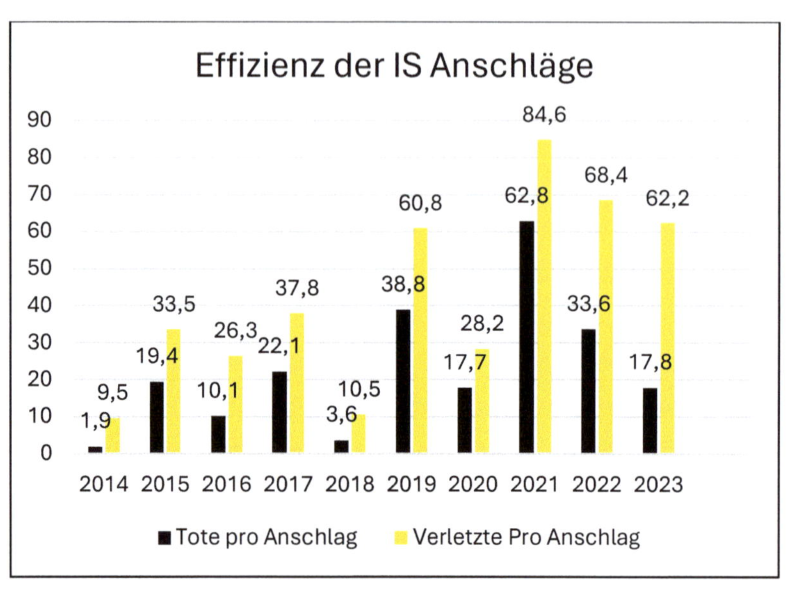
Effizienz der IS Anschläge
90
80
70
60
50
40
30
20
10
0
1,9
9,5
19,4
33,5
10,1
26,3
22,1
37,8
3,6
10,5
38,8
60,8
17,7
28,2
62,8
84,6
33,6
68,4
17,8
62,2
2014 2015 2016 2017 2018 2019 2020 2021 2022 2023
Tote pro Anschlag
Verletzte Pro Anschlag

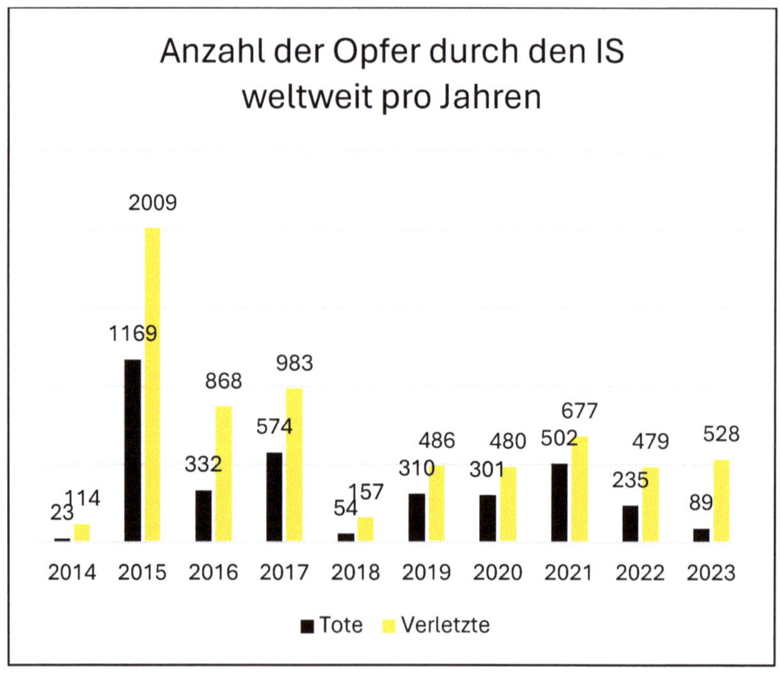
Anzahl der Opfer durch den IS weltweit pro Jahren
23
114
1169
2009
332
868
574
983
54
157
310
486
301
480
502
677
235
479
89
528
2014 2015 2016 2017 2018 2019 2020 2021 2022 2023
Tote
Verletzte

ANSCHLÄGE DES ISLAMISCHEN STAATES IN EUROPA

Der Islamische Staat (IS) hat seit seinem Aufstieg nicht nur den Nahen Osten, sondern auch Europa durch eine Reihe von Terroranschlägen schwer getroffen. Diese Angriffe zielen darauf ab, Angst zu verbreiten, die Gesellschaften zu destabilisieren und die politischen und religiösen Ziele der Gruppe voranzutreiben.

Die Entscheidung des IS, Europa ins Visier zu nehmen, ist sowohl strategisch als auch ideologisch motiviert. Europa steht für den IS symbolisch als Vertreter westlicher Werte, die im Widerspruch zu ihrer extremistischen Interpretation des Islam stehen. Durch Angriffe auf europäische Städte will der IS:

Politischen Druck ausüben: Die europäische Unterstützung für militärische Interventionen im Nahen Osten soll untergraben werden.

Angst und Unsicherheit verbreiten: Terroranschläge zielen darauf ab, das Sicherheitsgefühl der europäischen Bevölkerung zu erschüttern.

Propaganda fördern: Erfolgreiche Anschläge erhöhen die Attraktivität der Gruppe für potenzielle Rekruten weltweit.

Die Angriffe in Europa wurden oft von „einsamen Wölfen" oder kleinen Zellen durchgeführt, die entweder direkt vom IS inspiriert oder durch die Organisation unterstützt wurden. Die Anschläge umfassen eine breite Palette von Taktiken, darunter Schusswaffenangriffe, Sprengstoffanschläge, Fahrzeugangriffe und Messerattacken.

Die folgende Auflistung bietet Beispiele von Anschlägen des IS in Europa.

Brüssel, Belgien (24. Mai 2014) Anschlag auf das Jüdische Museum: Ein Schütze eröffnete das Feuer im Jüdischen Museum von Belgien in Brüssel und tötete vier Menschen. Der Täter, Mehdi Nemmouche, ein französischer Dschihadist, war zuvor in Syrien gewesen und hatte Verbindungen zum IS. Dieser Anschlag gilt als einer der ersten in Europa, der von einem Rückkehrer aus Syrien verübt wurde. Er verdeutlichte die Bedrohung durch „Foreign Fighters", die in Europa Anschläge verüben könnten.

Paris, Frankreich (7.–9. Januar 2015) Charlie Hebdo und der Supermarkt-Angriff: Zwei bewaffnete Männer drangen in das Büro der Satirezeitschrift Charlie Hebdo ein und töteten zwölf Menschen. Ein weiterer Angreifer tötete am 9. Januar in einem koscheren Supermarkt vier Menschen. Die Attentäter erklärten ihre Loyalität zum IS und Al-Qaida. Diese Anschläge markierten den Beginn einer neuen Welle von Terroranschlägen in Europa. Der Angriff auf Charlie Hebdo war besonders symbolisch, da er als Vergeltung für die Veröffentlichung von Karikaturen des Propheten Mohammed inszeniert wurde. Er zeigte auch, wie ideologische Motive zur Auswahl der Ziele führten.

Paris, Frankreich (13. November 2015) Koordinierte Angriffe in Paris: Eine Serie von Bombenanschlägen und Schießereien erschütterte Paris. Die Angriffe auf das Stade de

France, das Bataclan-Theater und mehrere Cafés forderten 130 Todesopfer und über 350 Verletzte. Die Attentäter waren Teil einer gut organisierten Zelle, die Verbindungen zum IS hatte. Dieser koordiniert ausgeführte Angriff zeigte die Fähigkeit des IS, komplexe Terroroperationen außerhalb des Nahen Ostens durchzuführen. Es war einer der tödlichsten Anschläge in der Geschichte Europas und hatte weitreichende Auswirkungen auf die europäische Sicherheitspolitik.

Brüssel, Belgien (22. März 2016) Anschläge auf den Flughafen und die U-Bahn: Zwei Bombenexplosionen erschütterten den Brüsseler Flughafen und eine weitere Bombe explodierte in der U-Bahn-Station Maelbeek. Insgesamt starben 32 Menschen und über 300 wurden verletzt. Auch diese Angriffe wurden von einer IS-Zelle durchgeführt. Die Brüsseler Anschläge waren ein weiterer Beweis für die Gefahr, die von IS-Zellen in Europa ausgeht. Die Attentäter gehörten zu derselben Gruppe, die für die Pariser Anschläge verantwortlich war, was die grenzüberschreitende Bedrohung verdeutlichte.

Nizza, Frankreich (14. Juli 2016) Fahrzeugangriff auf der Promenade des Anglais: Ein Mann lenkte einen Lastwagen in eine Menschenmenge, die sich anlässlich des französischen Nationalfeiertags versammelt hatte, und tötete 86 Menschen. Der Täter hatte Kontakte zum IS und wurde von der Gruppe inspiriert, obwohl er nicht direkt mit ihnen in Verbindung stand. Der Nizza-Anschlag war einer der verheerendsten und offenbarte die zunehmende Verwendung von Fahrzeugen als Waffe.

Er zeigte auch die Schwierigkeit, „einsame Wölfe“ zu identifizieren und zu stoppen.

Berlin, Deutschland (19. Dezember 2016) Anschlag auf den Weihnachtsmarkt: Ein tunesischer Asylbewerber, der Verbindungen zum IS hatte, entführte einen LKW und fuhr in einen Weihnachtsmarkt im Zentrum von Berlin. Dabei tötete er 12 Menschen und verletzte 56 weitere. Der IS beanspruchte den Anschlag für sich. Dieser Anschlag zeigte die Verwundbarkeit öffentlicher Plätze und führte zu verstärkten Sicherheitsmaßnahmen auf Weihnachtsmärkten und ähnlichen Veranstaltungen in ganz Europa.

Manchester, Großbritannien (22. Mai 2017) Selbstmordanschlag nach einem Konzert: Ein Selbstmordattentäter zündete eine Bombe nach einem Konzert von Ariana Grande in der Manchester Arena. 22 Menschen, darunter viele Kinder, wurden getötet und Hunderte verletzt. Der IS reklamierte den Anschlag. Der Manchester-Anschlag zeigte die Bereitschaft des IS, besonders grausame Taktiken einzusetzen, indem er gezielt junge Menschen ins Visier nahm. Er löste weltweit Entsetzen aus und führte zu intensiven Anti-Terror-Maßnahmen in Großbritannien.

Barcelona, Spanien (17.–18. August 2017) Fahrzeugangriff auf Las Ramblas und Cambrils: Ein Lieferwagen raste in eine Menschenmenge auf der beliebten Promenade Las Ramblas in Barcelona und tötete 14 Menschen. Am folgenden Tag kam es zu einem ähnlichen Angriff in Cambrils, bei dem eine Frau getötet wurde. Die Täter waren Teil einer IS-Zelle. Diese Anschläge verdeutlichten, dass Spanien ebenfalls ein Ziel des IS war und wie sich die Gruppe auf verschiedene europäische Länder ausdehnte. Die Ereignisse führten zu einer intensiven Debatte über die Sicherheitsvorkehrungen in touristischen Hotspots.

London, Großbritannien (22. März 2017, 3. Juni 2017, 15. September 2017) Drei Anschläge im Jahr 2017:
Am 22. März 2017 fuhr ein Mann ein Auto in eine Gruppe von Fußgängern auf der Westminster Bridge und erstach anschließend einen Polizisten. Fünf Menschen wurden getötet.
Am 3. Juni 2017 raste ein Lieferwagen über die London Bridge, und die Insassen stachen anschließend auf Menschen im Borough Market ein, wobei acht Menschen getötet wurden.
Am 15. September 2017 explodierte eine Bombe in einem Zug der Londoner U-Bahn an der Station Parsons Green, die 30 Menschen verletzte. Die Bombe detonierte nur teilweise.
Die Angriffe in London zeigten, dass Großbritannien ein Hauptziel des IS blieb. Sie verdeutlichten auch die Vielfalt der Taktiken, die die Gruppe einsetzt, um ihre Terrorakte zu maximieren.

Straßburg, Frankreich (11. Dezember 2018) Anschlag auf den Weihnachtsmarkt: Ein Mann eröffnete das Feuer auf den Weihnachtsmarkt in Straßburg und tötete fünf Menschen, bevor er selbst von der Polizei getötet wurde. Der IS beanspruchte den Anschlag, obwohl die Verbindung des Täters zur Gruppe unklar war. Der Anschlag in Straßburg zeigte erneut die Gefahr, die von „einsamen Wölfen“ ausgeht, die von der Ideologie des IS inspiriert werden. Weihnachtsmärkte in Europa blieben weiterhin potenzielle Ziele für Terroranschläge.

Die Anschläge des IS in Europa folgen bestimmten Mustern, die wertvolle Einblicke in die Strategien und Ziele der Gruppe geben.

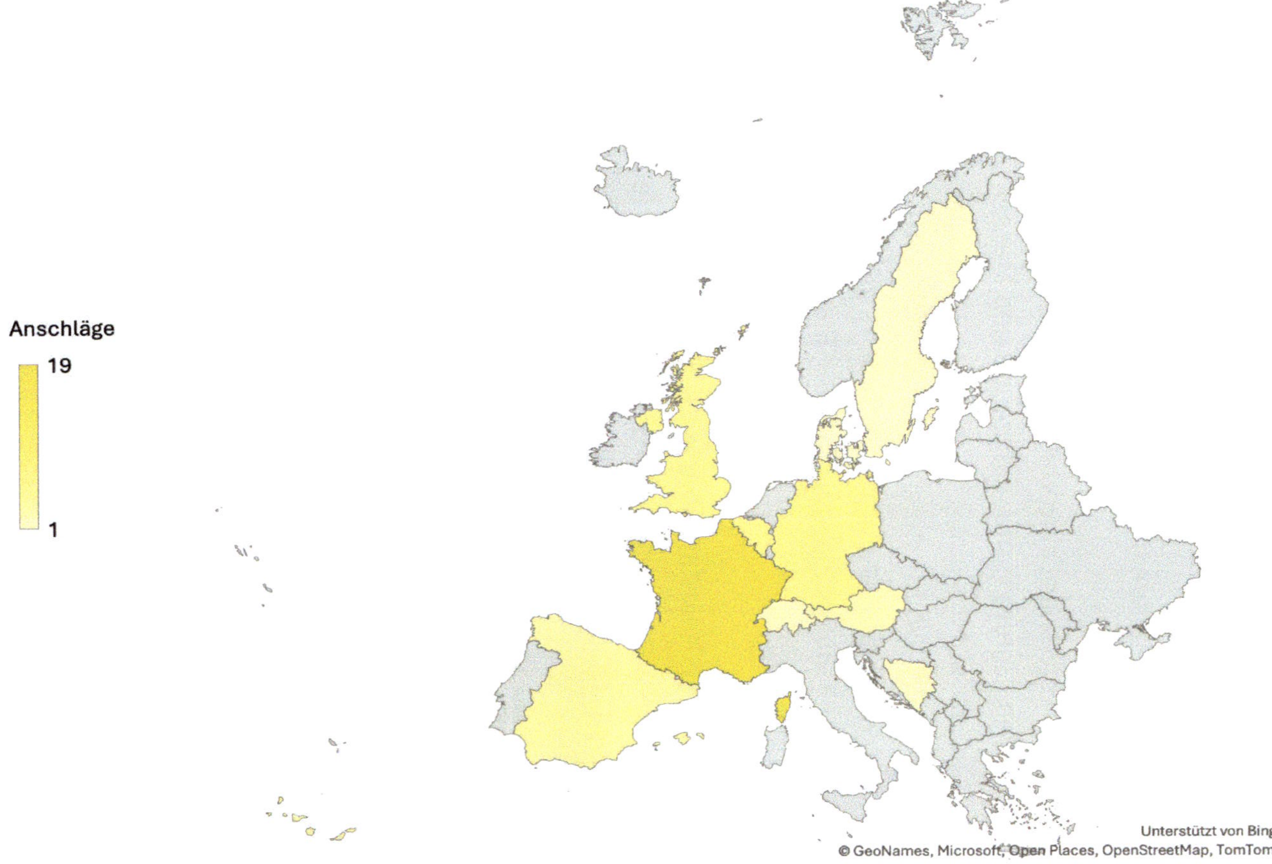
IS-Anschläge in Europa: Eine Übersicht der Häufigkeit
Anschläge
19
1
Unterstützt von Bing
© GeoNames, Microsoft, Open Places, OpenStreetMap, TomTom

Die Angriffe konzentrieren sich oft auf Orte mit hohem symbolischem Wert, wie religiöse Stätten, Regierungsgebäude und belebte öffentliche Plätze. Diese Ziele sind leicht zugänglich und ermöglichen maximalen psychologischen Schaden.

Der IS verwendet eine Vielzahl von Taktiken, darunter Schusswaffen, Sprengstoffe, Fahrzeuge und Messer. Diese Taktiken sind oft einfach auszuführen, was sie besonders attraktiv für „einsame Wölfe“ macht. Die Einfachheit und Verfügbarkeit der verwendeten Mittel machen es zudem schwerer für Sicherheitsbehörden, solche Angriffe vorherzusehen und zu verhindern.

Zeitliche Koordination: Viele der IS-Anschläge in Europa wurden während bedeutender nationaler oder religiöser Feiertage durchgeführt, was die symbolische Wirkung maximierte, und die mediale Aufmerksamkeit erhöhte. Beispiele hierfür sind der Angriff auf den Weihnachtsmarkt in Berlin und der Nationalfeiertag in Nizza.

Kollaborative Zellen und Einzelakteure: Während einige Anschläge von gut organisierten Zellen mit internationaler Verflechtung durchgeführt wurden, wie die Angriffe in Paris und Brüssel, gab es auch zahlreiche Anschläge, die von Einzelakteuren verübt wurden. Diese „einsamen Wölfe“ wurden oft durch IS-Propaganda in sozialen Medien inspiriert und radikalisiert.

Die Anschläge des IS haben tiefgreifende Auswirkungen auf Europa gehabt, sowohl in Bezug auf die Sicherheitslage als auch auf die gesellschaftspolitische Landschaft. Die Anschläge führten zu einer Verschärfung der Sicherheitsvorkehrungen in ganz Europa. Viele Länder erhöhten die Überwachung öffentlicher Plätze, verstärkten die Grenzkontrollen und intensivierten die Zusammenarbeit zwischen den Sicherheitsdiensten auf nationaler und internationaler Ebene. Die Europäische Union führte Initiativen zur Bekämpfung der Radikalisierung im Internet ein und erweiterte die Ressourcen zur Überwachung terroristischer Aktivitäten.

Ein Beispiel für die verschärfte Sicherheitslage ist die Einrichtung von Anti-Terror-Einheiten, die gezielt auf mögliche Bedrohungen durch den IS reagieren. In Frankreich wurde beispielsweise der Ausnahmezustand nach den Anschlägen von 2015 mehrfach verlängert und schließlich durch ein dauerhaftes Anti-Terror-Gesetz ersetzt.

Die IS-Anschläge haben in Europa zu einer verstärkten Islamophobie und einem Aufschwung rechtsextremer Bewegungen geführt. Die Angst vor weiteren Anschlägen und die zunehmende Wahrnehmung von Muslimen als potenzielle Bedrohung haben das gesellschaftliche Klima in vielen europäischen Ländern verschärft. Dies führte zu Polarisierung, einem Anstieg von Hassverbrechen und einer Zunahme populistischer politischer Bewegungen, die eine härtere Einwanderungspolitik und strengere Sicherheitsgesetze fordern.

In Ländern wie Frankreich, Belgien und Deutschland haben die IS-Anschläge Debatten über die Integration von Migranten und die Rolle des Islam in der Gesellschaft entfacht. Diese Diskussionen haben teilweise zu schärferen Einwanderungsgesetzen und einer verstärkten Überwachung von Moscheen und islamischen Gemeinschaften geführt.

Die Anschläge haben auch wirtschaftliche Folgen gehabt, insbesondere im Tourismus- und Einzelhandelssektor. Städte, die Ziel von Anschlägen waren, verzeichneten oft einen Rückgang der Touristenzahlen und damit verbundene Einnahmeverluste. Der Anschlag auf den Weihnachtsmarkt in Berlin führte beispielsweise zu einem deutlichen Rückgang der Besucherzahlen auf anderen Weihnachtsmärkten in Deutschland und Europa.
Die erhöhten Sicherheitsmaßnahmen haben zudem zu steigenden Kosten für die öffentliche Sicherheit geführt, da Regierungen mehr Ressourcen in Anti-Terror-Maßnahmen und Prävention investieren mussten.

Die Terroranschläge des Islamischen Staates in Europa stellen eine anhaltende und komplexe Bedrohung dar, die weit über die unmittelbaren physischen Schäden hinausgeht. Sie haben die Sicherheitsarchitektur Europas verändert, gesellschaftliche Spannungen verschärft und eine anhaltende Debatte über die Balance zwischen Sicherheit und Freiheit ausgelöst.

Die gezielte Wahl von Zielen und die Vielfalt der eingesetzten Taktiken verdeutlichen die strategische Planung hinter den Anschlägen und die anhaltende Gefahr, die von radikalisierten Einzeltätern ausgeht. Trotz territorialer Verluste im Nahen Osten bleibt der IS durch seine ideologische Präsenz und die Fähigkeit, Anschläge zu inspirieren, eine ernsthafte Bedrohung für Europa.

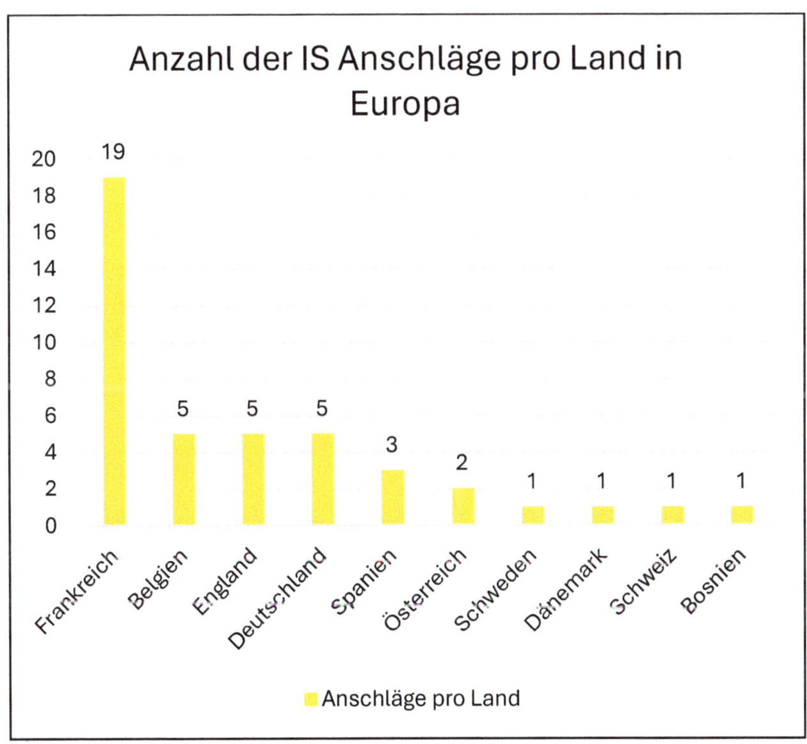

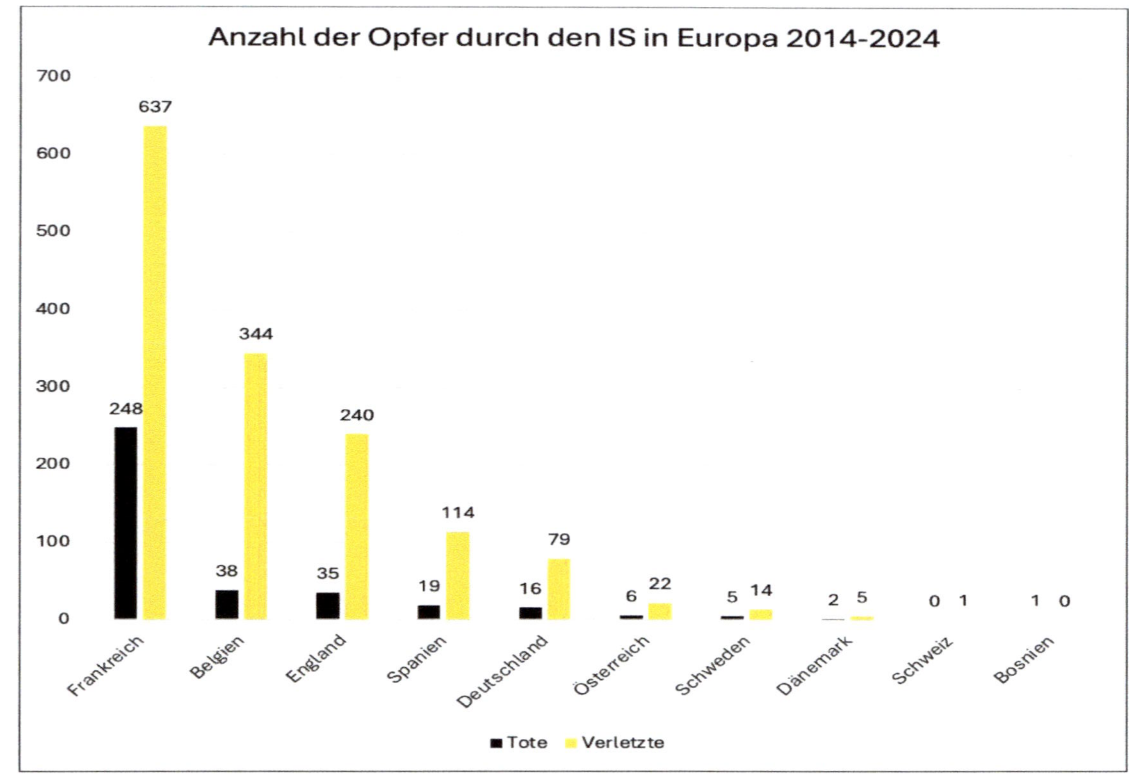
Anzahl der Opfer durch den IS in Europa 2014-2024
700
600
500
400
300
200
100
0
248
637
38
344
35
240
19
114
16
79
6
22
5
14
2
5
0
1
1
0
Frankreich
Belgien
England
Spanien
Deutschland
Österreich
Schweden
Dänemark
Schweiz
Bosnien
Tote
Verletzte

DAS RECHTSSYSTEM IN ISLAMISCHEN STAATEN: SCHARIA UND MODERNE GESETZGEBUNG

Das Rechtssystem in islamischen Staaten stellt eine komplexe Schnittstelle zwischen religiösen Prinzipien und modernen gesetzlichen Rahmenbedingungen dar. Der Islam, als eine der großen monotheistischen Weltreligionen, bietet durch die Scharia (islamisches Recht) eine umfassende rechtliche und moralische Leitlinie, die sich auf verschiedene Aspekte des Lebens erstreckt, darunter persönliche Angelegenheiten, Strafrecht, Wirtschaftsrecht und internationales Recht. Die Anwendung der Scharia variiert jedoch stark von Staat zu Staat, abhängig von historischen, kulturellen und politischen Kontexten.

Die Scharia ist ein umfassendes religiöses Rechtssystem, das auf den Lehren des Korans und der Sunna (den Überlieferungen des Propheten Mohammed) basiert. Sie umfasst sowohl religiöse Gebote als auch rechtliche Vorschriften und deckt Bereiche wie das Familienrecht, Erbrecht, Strafrecht, und Vertragsrecht ab. Die Scharia zielt darauf ab, die Gläubigen auf den „rechten Weg" zu führen und ihnen eine Anleitung zu einem gerechten und gottgefälligen Leben zu geben.

Die Scharia stützt sich auf vier Hauptquellen:
Der Koran: Das heilige Buch des Islam, das als direkte Offenbarung Gottes angesehen wird. Es enthält sowohl spezifische

rechtliche Bestimmungen als auch allgemeine ethische Leitlinien.

Die Sunna: Die Überlieferungen und Handlungen des Propheten Mohammed, die als Vorbild für das Verhalten der Gläubigen dienen.

Der Idschma': Der Konsens der islamischen Gelehrten über bestimmte rechtliche Fragen, der in Fällen angewendet wird, in denen der Koran und die Sunna keine eindeutigen Antworten liefern.

Der Qiyas: Die Analogieschlüsse, bei denen neue rechtliche Fragen anhand von Analogien zu bereits entschiedenen Fällen im Koran oder der Sunna gelöst werden.

Im Laufe der Jahrhunderte entwickelten sich im Islam verschiedene Rechtsschulen (Madhahib), die unterschiedlichen Interpretationen der Scharia vertraten. Die vier wichtigsten sunnitischen Schulen sind die hanafitische, malikitische, schafiitische und hanbalitische Rechtsschule. Jede dieser Schulen hat eigene Methoden zur Auslegung der Scharia und legt verschiedene Schwerpunkte in der Anwendung der Gesetze.

Historisch gesehen war die Scharia das dominierende Rechtssystem in den islamischen Reichen, wobei die Herrscher (Kalifen oder Sultane) die Anwendung der Gesetze sicherstellten. Mit der Kolonialisierung islamischer Länder durch europäische Mächte im 19. und 20. Jahrhundert wurden viele traditionelle Rechtssysteme durch westlich geprägte Kodifikationen ersetzt oder stark beeinflusst. Nach der

Unabhängigkeit vieler islamischer Staaten stellte sich die Frage, in welchem Umfang die Scharia in das moderne staatliche Rechtssystem integriert werden sollte.

In einigen islamischen Staaten, wie Saudi-Arabien und dem Iran, bildet die Scharia das zentrale Fundament des Rechtssystems. In Saudi-Arabien basiert das gesamte Rechtssystem auf der hanbalitischen Auslegung der Scharia, ohne schriftliche Verfassung oder kodifizierte Gesetze. Im Iran bildet die Scharia die Grundlage des Rechtssystems, wobei die Rechtsgelehrten (Mudschtahids) eine wichtige Rolle in der Gesetzgebung und der Auslegung der Gesetze spielen.

In anderen islamischen Staaten existiert ein duales Rechtssystem, bei dem die Scharia neben einem modernen, säkularen Gesetzbuch Anwendung findet. Ein prominentes Beispiel hierfür ist Ägypten, wo die Scharia in bestimmten Bereichen wie dem Familien- und Erbrecht maßgeblich ist, während andere Bereiche wie das Straf- und Zivilrecht weitgehend durch säkulare Gesetze geregelt werden. In Pakistan hat die Scharia einen hohen Stellenwert, doch existieren daneben auch moderne Gesetze, die auf britischem Kolonialrecht basieren.

Es gibt auch islamische Staaten, die zwar mehrheitlich muslimisch sind, aber überwiegend säkulare Rechtssysteme haben, in denen die Scharia nur eine geringe oder symbolische Rolle spielt. In der Türkei, die ein laizistisches System etabliert hat, wird die Scharia nicht als Quelle der Gesetzgebung anerkannt, obwohl islamische Werte in bestimmten gesellschaftlichen und rechtlichen Normen widerhallen.

Eine der größten Herausforderungen bei der Integration der Scharia in moderne Gesetzgebungssysteme ist der Konflikt mit internationalen Menschenrechtsstandards. Insbesondere in den Bereichen Frauenrechte, Religionsfreiheit und körperliche Bestrafung (wie z.B. Auspeitschung oder Amputation) gibt es erhebliche Spannungen. Viele islamische Staaten stehen unter Druck, ihre Gesetze an internationale Standards anzupassen, während sie gleichzeitig den religiösen Traditionen treu bleiben wollen.

In verschiedenen islamischen Staaten gibt es Bestrebungen, die Scharia zu reformieren und an moderne gesellschaftliche und rechtliche Entwicklungen anzupassen. Dies führt jedoch oft zu Spannungen zwischen Traditionalisten und Reformern. Die Herausforderungen bestehen darin, wie die Scharia in einer Weise interpretiert und angewendet werden kann, die sowohl den religiösen Geboten gerecht wird als auch den Anforderungen einer modernen, pluralistischen Gesellschaft entspricht.

Die Globalisierung und der Einfluss westlicher Rechtsnormen haben auch Auswirkungen auf die Rechtssysteme in islamischen Staaten. Während einige Staaten sich zunehmend öffnen und ihre Gesetzgebung modernisieren, sehen andere dies als Bedrohung ihrer religiösen Identität und ihres kulturellen Erbes. Der Einfluss internationaler Organisationen und der

Druck durch Menschenrechtsgruppen tragen ebenfalls zur Komplexität der rechtlichen Entwicklungen in diesen Ländern bei.

Das Rechtssystem in islamischen Staaten ist ein dynamisches und vielschichtiges Feld, das stark von der Scharia und ihrer Interpretation geprägt ist. Während in einigen Ländern die Scharia das gesamte Rechtssystem dominiert, gibt es in anderen komplexe Mischsysteme, in denen sowohl religiöse als auch säkulare Gesetze koexistieren. Die Balance zwischen der Bewahrung religiöser Traditionen und der Anpassung an moderne rechtliche Standards stellt eine der größten Herausforderungen für islamische Staaten dar. Zukünftige Entwicklungen werden maßgeblich davon abhängen, wie erfolgreich diese Staaten es schaffen, ihre rechtlichen Systeme zu modernisieren, ohne ihre religiösen Grundlagen zu verlieren, und wie sie auf die Forderungen nach Einhaltung internationaler Menschenrechtsnormen reagieren.

DER IS UND DAS SCHICKSAL DER JESIDEN: GENOZID UND VERSKLAVUNG

Der Völkermord an den Jesiden durch den Islamischen Staat stellt eines der dunkelsten Kapitel in der jüngeren Geschichte dar. Seit August 2014 verübte der IS systematische Gewaltverbrechen gegen die jesidische Gemeinschaft im Nordirak, die von der internationalen Gemeinschaft als Genozid anerkannt wurden. Tausende Jesiden wurden getötet, verschleppt oder versklavt, während viele Frauen und Kinder Opfer sexueller Gewalt wurden.

Die Jesiden sind eine ethnisch-religiöse Minderheit, die hauptsächlich im Nordirak, in Syrien und der Türkei lebt. Ihre Religion, die Elemente des Zoroastrismus, des Christentums und des Islam vereint, ist monotheistisch und verehrt den Engel Melek Taus, den „Pfau-Engel“, als zentrale Figur. Aufgrund von Missverständnissen und Vorurteilen – insbesondere der falschen Vorstellung, die Jesiden würden Satan verehren – waren sie in ihrer Geschichte immer wieder Verfolgungen ausgesetzt. Diese Verfolgungen haben die jesidische Gemeinschaft geprägt und dazu geführt, dass sie sich in relativ abgeschlossenen Gemeinschaften organisiert hat, um ihre Traditionen und ihren Glauben zu bewahren.

Vor dem Aufstieg des IS lebten die Jesiden vor allem in der Region Sinjar im Nordirak, einer strategisch wichtigen, aber vernachlässigten und unterentwickelten Region. Obwohl die

Jesiden im Irak eine anerkannte Minderheit waren, sahen sie sich in den Jahrzehnten vor 2014 zunehmend Diskriminierungen und Repressionen ausgesetzt, insbesondere während des Regimes von Saddam Hussein. Die politischen Umwälzungen nach der US-Invasion 2003 führten zu einer weiteren Destabilisierung der Region, was die jesidische Gemeinschaft zunehmend isolierte und verwundbar machte.

Im Sommer 2014 startete der IS eine groß angelegte Offensive im Nordirak und überrannte die Region Sinjar, die Heimat der meisten Jesiden. Die jesidische Bevölkerung wurde in den folgenden Tagen und Wochen systematisch angegriffen. Männer und ältere Jungen wurden ermordet, während Frauen und Kinder verschleppt und versklavt wurden. Die Offensive führte zu einer humanitären Katastrophe, als Zehntausende Jesiden in das Gebirge von Sinjar flohen, wo sie ohne Nahrung, Wasser oder medizinische Versorgung eingeschlossen waren.

Der IS beging systematische Gewaltverbrechen gegen die jesidische Bevölkerung, die von der internationalen Gemeinschaft als Genozid anerkannt wurden. Tausende jesidische Männer wurden erschossen, enthauptet oder lebendig begraben. Frauen und Mädchen wurden als „Kriegsbeute“ betrachtet und in großer Zahl als Sexsklavinnen verkauft oder an IS-Kämpfer „verschenkt“. Diese Praxis wurde ideologisch durch eine extremistische Interpretation des Islam gerechtfertigt, die den Jesiden den Status von „Ungläubigen“ zuschrieb, die keine Rechte hatten.

Besonders gravierend waren die Verbrechen sexueller Gewalt, denen jesidische Frauen und Mädchen ausgesetzt waren. Der IS etablierte ein System der Versklavung und Zwangsverheiratung, bei den Frauen systematisch vergewaltigt, gefoltert und zur „Wiederverkauf“ in andere Regionen verschleppt wurden. Diese Praxis diente nicht nur der Demütigung und Kontrolle der jesidischen Gemeinschaft, sondern auch der Rekrutierung neuer Kämpfer, denen die Aussicht auf „Kriegsbeute“ als Anreiz diente.

Die internationale Gemeinschaft reagierte zunächst nur zögerlich auf die Angriffe des IS auf die Jesiden. Erst nachdem die Berichte über das Ausmaß der Verbrechen und die humanitäre Krise am Sinjar-Gebirge die Weltöffentlichkeit erreichten, begannen die USA und ihre Verbündeten mit gezielten Luftschlägen gegen IS-Stellungen in der Region. Diese Intervention trug dazu bei, die Eingeschlossenen zu retten und den Vormarsch des IS zu verlangsamen, doch für viele Jesiden kam die Hilfe zu spät.

Im Jahr 2016 erkannte das US-Außenministerium die Verbrechen des IS an den Jesiden offiziell als Genozid an, eine Einschätzung, die später von den Vereinten Nationen und mehreren anderen Staaten geteilt wurde. Diese Anerkennung war ein wichtiger Schritt zur Anerkennung des Leidens der jesidischen Gemeinschaft und zur Forderung nach Gerechtigkeit. Es zeigte sich jedoch auch, wie schwierig es ist, eine internationale Einigung über die rechtliche und moralische Bewertung solcher Verbrechen zu erzielen.

Trotz der Anerkennung des Genozids steht die internationale Gemeinschaft vor erheblichen Herausforderungen bei der strafrechtlichen Verfolgung der Verantwortlichen. Während einige IS-Mitglieder vor internationalen Gerichten oder in ihren Heimatländern wegen Kriegsverbrechen und Verbrechen gegen die Menschlichkeit angeklagt wurden, bleibt die umfassende Aufarbeitung der Verbrechen gegen die Jesiden schwierig. Viele Täter sind noch immer auf freiem Fuß, und die Beweisführung gestaltet sich aufgrund der unsicheren Lage in der Region und des Mangels an forensischen und dokumentarischen Beweisen als äußerst komplex.

Die überlebenden Jesiden, insbesondere die Frauen und Kinder, leiden unter den psychischen Folgen der erlittenen Gewalt. Viele der Überlebenden wurden mehrfach vergewaltigt, gefoltert und schwer traumatisiert. Die Rückkehr in ein normales Leben gestaltet sich für viele als nahezu unmöglich, da die psychologische und soziale Unterstützung in den betroffenen Regionen oft unzureichend ist. Langfristige Traumabewältigung und psychologische Betreuung sind entscheidend, um den Überlebenden zu helfen, ein neues Leben aufzubauen.

Der Genozid hat die jesidische Gemeinschaft zutiefst erschüttert. Viele der überlebenden Jesiden leben noch immer in Flüchtlingslagern, ihre Heimatdörfer und Städte liegen in Trümmern. Der Wiederaufbau der Region und die Rückkehr der Vertriebenen gestaltet sich schwierig, da die Sicherheitslage weiterhin unsicher ist und viele Jesiden nicht bereit sind, in Gebiete zurückzukehren, in denen sie sich erneut bedroht fühlen könnten. Zudem stehen sie vor der Herausforderung, ihre zerbrochene Gemeinschaft neu aufzubauen, was durch den Verlust zahlreicher Mitglieder und die fortwährende Gefahr von Diskriminierung und Gewalt erschwert wird.

Der Völkermord hat nicht nur physische Leben, sondern auch das kulturelle Erbe der Jesiden zerstört. Viele heilige Stätten und kulturelle Artefakte wurden vom IS gezielt zerstört, um die Identität der Jesiden auszulöschen. Der Erhalt und die Wiederherstellung der jesidischen Kultur, einschließlich ihrer Sprache, Traditionen und religiösen Praktiken, sind von zentraler Bedeutung für das Überleben der Gemeinschaft. Dies erfordert nicht nur den Wiederaufbau von physischen Strukturen, sondern auch die Förderung von Bildung und die Unterstützung kultureller Initiativen.

Der Weg zur Gerechtigkeit für die Jesiden ist lang und schwierig. Internationale Bemühungen zur strafrechtlichen Verfolgung der Verantwortlichen sind unerlässlich, um den Opfern Gerechtigkeit widerfahren zu lassen und zukünftige Verbrechen zu verhindern. Es bedarf einer stärkeren internationalen Zusammenarbeit, um Beweise zu sammeln, Täter vor Gericht zu stellen und sicherzustellen, dass die Verbrechen gegen die Jesiden nicht ungestraft bleiben.

Eine weitere wichtige Komponente der Gerechtigkeit ist die Frage der Entschädigung für die überlebenden Jesiden. Dies umfasst sowohl finanzielle Reparationszahlungen als auch den Zugang zu psychosozialer Unterstützung, medizinischer Versorgung und Bildung. Reparationszahlungen könnten dazu beitragen, den Überlebenden eine Perspektive für die Zukunft zu geben und den Wiederaufbau der Gemeinschaft zu unterstützen. Allerdings stehen diese Bemühungen vor großen Herausforderungen, da viele Überlebende noch immer in prekären Verhältnissen leben und die notwendigen Ressourcen knapp sind.

Die Erinnerung an den Genozid und die Bewahrung des kollektiven Gedächtnisses sind entscheidend, um das Leiden der Jesiden anzuerkennen und zukünftige Verbrechen zu verhindern. Gedenkveranstaltungen, Museen und Bildungsprogramme spielen eine wichtige Rolle bei der Bewusstseinsbildung und der Schaffung einer Kultur der Erinnerung. Die internationale Gemeinschaft hat die Verantwortung, das Bewusstsein für die Verbrechen gegen die Jesiden zu schärfen und sicherzustellen, dass diese Gräueltaten nicht in Vergessenheit geraten.

Der Völkermord an den Jesiden durch den Islamischen Staat stellt eines der gravierendsten Verbrechen des 21. Jahrhunderts dar. Die systematische Ermordung, Versklavung und Vergewaltigung von Tausenden Jesiden zeigt die extremen Auswirkungen religiöser Intoleranz und extremistischer Ideologien. Die internationale Gemeinschaft muss aus diesen Ereignissen lernen und sicherstellen, dass solche Verbrechen in Zukunft verhindert werden. Dies erfordert nicht nur eine entschlossene strafrechtliche Verfolgung der Täter, sondern auch eine umfassende Unterstützung der überlebenden Gemeinschaft, um deren kulturelles und soziales Überleben zu sichern. Nur durch eine Kombination aus rechtlicher Aufarbeitung, kulturellem Gedächtnis und internationaler Solidarität kann sichergestellt werden, dass die Gräueltaten des IS nicht ungesühnt bleiben und die Jesiden die Möglichkeit erhalten, ihre Gemeinschaft wieder aufzubauen und in Frieden zu leben.

Ein Massengrab in der Sindschar-Region aus dem Jahr 2015, das die Überreste mehrerer Dutzend Jesiden enthält, die nach einem Massaker begraben wurden. Sichtbar sind Knochen der Opfer, die aus dem Grab herausragen.

DIE ROLLE DER REGIONALMÄCHTE IM KAMPF GEGEN DEN IS

Der Aufstieg und die Expansion des Islamischen Staates (IS) im Nahen Osten haben eine tiefgreifende geopolitische Krise ausgelöst, die weit über die Grenzen Syriens und des Irak hinausreicht. Der Kampf gegen den IS war nicht nur eine Angelegenheit internationaler Koalitionen unter der Führung westlicher Mächte, sondern auch eine Frage regionaler Sicherheit und Stabilität. Die Regionalmächte – darunter Iran, Saudi-Arabien, die Türkei, Jordanien und die Golfstaaten – spielten eine entscheidende Rolle in diesem Konflikt. Jede dieser Mächte hatte dabei ihre eigenen Interessen und Strategien, die sowohl den Verlauf des Kampfes gegen den IS beeinflussten als auch die politische Landschaft der Region nachhaltig veränderten.

Iran: Schutzmacht der schiitischen Achse und Gegner des IS

Der Iran spielte eine Schlüsselrolle im Kampf gegen den IS, insbesondere in Syrien und im Irak. Als dominierende schiitische Macht in der Region sah Teheran den IS nicht nur als Bedrohung für die Stabilität der Region, sondern auch als direkten Feind seiner regionalen Interessen und Verbündeten.

Unterstützung schiitischer Milizen und der irakischen Regierung

Im Irak war der Iran ein wichtiger Unterstützer der schiitischen Regierung in Bagdad und der mit ihren verbündeten Milizen, die zusammen als „Volksmobilisierungskräfte“ (PMF) bekannt sind. Diese Milizen, die oft direkt vom Iran ausgebildet und bewaffnet wurden, spielten eine entscheidende Rolle in der Rückeroberung von Gebieten, die vom IS besetzt wurden. Die iranische Unterstützung war nicht nur materieller, sondern auch strategischer Natur. Hochrangige iranische Militärberater, darunter der inzwischen verstorbene General Qasem Soleimani, waren direkt an den Operationen gegen den IS beteiligt. Diese enge Zusammenarbeit festigte die iranische Einflussnahme im Irak, stieß jedoch auch auf Kritik und Besorgnis, insbesondere von Seiten sunnitischer Akteure und westlicher Staaten, die den wachsenden Einfluss Teherans skeptisch betrachteten.

Intervention in Syrien zur Unterstützung des Assad-Regimes

In Syrien war der Iran ein zentraler Unterstützer des Regimes von Baschar al-Assad, das vom IS und anderen oppositionellen Gruppen bedroht wurde. Teheran stellte nicht nur logistische und finanzielle Unterstützung bereit, sondern entsandte auch Milizen, insbesondere die libanesische Hisbollah, sowie eigene Revolutionsgarden, um das syrische Militär zu stärken. Die iranische Intervention in Syrien hatte das Ziel, einen loyalen Verbündeten an der Macht zu halten und die „schiitische Achse“, die vom Iran über den Irak und Syrien bis zum Libanon reicht, zu sichern. Diese Strategie stellte den Iran in direkten Gegensatz zu den sunnitischen Regionalmächten und verstärkte die sektiererischen Spannungen in der Region.

Saudi-Arabien: Führungsmacht der Sunniten und Gegner der iranischen Einflusssphäre

Saudi-Arabien, als eine der führenden sunnitischen Mächte und langjähriger Rivale des Iran, hatte ebenfalls ein großes Interesse daran, den IS zu bekämpfen, obwohl seine Rolle im Kampf gegen den IS von Widersprüchen und komplexen geopolitischen Interessen geprägt war.

Unterstützung der syrischen Opposition und indirekte Konfrontation mit dem IS

Im syrischen Bürgerkrieg unterstützte Saudi-Arabien verschiedene Rebellengruppen, die gegen das Assad-Regime kämpften. Viele dieser Gruppen standen jedoch in Konkurrenz zum IS, was zu einer indirekten Konfrontation mit der dschihadistischen Organisation führte. Saudi-Arabien versuchte, eine Balance zwischen der Unterstützung der sunnitischen Opposition und der Bekämpfung des IS zu finden, da das Königreich den wachsenden Einfluss des IS als Bedrohung für seine eigene Stabilität und regionale Führungsrolle betrachtete.

Anti-IS-Koalition und saudische Militäraktionen

Saudi-Arabien schloss sich der von den USA geführten internationalen Koalition gegen den IS an und nahm an Luftangriffen auf IS-Stellungen in Syrien und im Irak teil. Diese Teilnahme war jedoch begrenzt und spiegelte die komplexen strategischen Prioritäten des Königreichs wider. Während der IS eine unmittelbare Bedrohung darstellte, konzentrierte sich Saudi-Arabien stärker auf den Konflikt im Jemen und die Eindämmung des iranischen Einflusses in der Region.

Die Türkei: Ein Akteur zwischen den Fronten
Die Rolle der Türkei im Kampf gegen den IS war von Ambivalenz und einer Vielzahl widersprüchlicher Interessen geprägt. Als NATO-Mitglied und wichtiger regionaler Akteur verfolgte die Türkei eine eigene Agenda, die oft im Widerspruch zu den Zielen anderer Koalitionsteilnehmer stand.

Grenzsicherheit und Kampf gegen den IS
Die Türkei war lange Zeit ein wichtiger Zugangspunkt für ausländische Kämpfer, die sich dem IS in Syrien anschließen wollten. Obwohl die türkische Regierung den IS offiziell als terroristische Organisation einstufte, wurde ihr vorgeworfen, nicht genug unternommen zu haben, um den Zustrom von Kämpfern zu unterbinden. Erst als der IS zunehmend zur Bedrohung für die innere Sicherheit der Türkei wurde, insbesondere durch Anschläge auf türkischem Boden, intensivierte Ankara seine Maßnahmen gegen die Gruppe.

Konflikt mit den Kurden und strategische Prioritäten
Ein weiterer Faktor, der die türkische Haltung gegenüber dem IS beeinflusste, war der Konflikt mit der kurdischen PKK und ihren syrischen Ablegern, den Volksverteidigungseinheiten (YPG). Die Türkei betrachtet die YPG als Terrororganisation, während diese in der internationalen Koalition eine Schlüsselrolle im Kampf gegen den IS spielte. Dieser Interessenkonflikt führte zu Spannungen innerhalb der Koalition und zu türkischen Militärinterventionen in Nordsyrien, die offiziell gegen

den IS gerichtet waren, aber in erster Linie darauf abzielten, die Ausbreitung kurdischer Macht zu verhindern.

Jordanien und die Golfstaaten: Regionale Stabilität und Beitrag zur internationalen Koalition

Jordanien und die Golfstaaten, insbesondere Katar, die Vereinigten Arabischen Emirate und Kuwait, spielten ebenfalls wichtige Rollen im Kampf gegen den IS, wenn auch in unterschiedlicher Weise und mit unterschiedlichen Prioritäten.

Jordanien: Frontstaat im Kampf gegen den IS

Jordanien, das direkt an Syrien und den Irak grenzt, war von Anfang an stark von der Bedrohung durch den IS betroffen. Das Land beherbergte eine große Anzahl syrischer Flüchtlinge und war Ziel von IS-Anschlägen und -Infiltrationsversuchen. Als Teil der internationalen Koalition beteiligte sich Jordanien an Luftangriffen gegen den IS und verstärkte seine Grenzsicherheit, um ein Übergreifen des Konflikts auf sein Territorium zu verhindern. Die Rolle Jordaniens war entscheidend, da das Land als Pufferzone zwischen den instabilen Nachbarstaaten und den Golfstaaten fungierte.

Die Rolle der Golfstaaten

Die Golfstaaten, insbesondere Katar und die Vereinigten Arabischen Emirate, beteiligten sich ebenfalls an der internationalen Koalition gegen den IS, hauptsächlich durch finanzielle und logistische Unterstützung sowie durch die Teilnahme an Luftangriffen. Ihre Hauptsorge galt der Stabilität in der Region und der Eindämmung der dschihadistischen Bedrohung, die nicht nur vom IS, sondern auch von anderen radikalen Gruppen ausging. Allerdings gab es auch Spannungen und Differenzen unter den Golfstaaten selbst, insbesondere in Bezug auf die Unterstützung verschiedener islamistischer Gruppen in Syrien.

Katar und die komplexe Rolle in der regionalen Politik

Katar, das für seine Unterstützung islamistischer Bewegungen bekannt ist, wurde oft kritisch betrachtet, was seine Rolle im syrischen Bürgerkrieg und den Kampf gegen den IS angeht. Während Katar Teil der Koalition gegen den IS war, wurde dem Emirat vorgeworfen, auch Gruppen unterstützt zu haben, die ideologisch nahe am IS standen. Diese widersprüchlichen Aktionen spiegelten Katars Bemühungen wider, seinen Einfluss in der Region zu sichern und auszubauen, was jedoch zu Spannungen mit den Nachbarn führte, insbesondere mit Saudi-Arabien und den Vereinigten Arabischen Emiraten.

Auswirkungen und langfristige Konsequenzen

Die Interventionen der Regionalmächte im Kampf gegen den IS hatten tiefgreifende Auswirkungen auf die geopolitische Landschaft des Nahen Ostens. Während der IS als territorialer Akteur weitgehend besiegt wurde, bleiben die Spaltungen und Rivalitäten, die durch den Konflikt verstärkt wurden, bestehen und prägen weiterhin die Dynamik in der Region.

Der Kampf gegen den IS verstärkte die bereits bestehenden sektiererischen Spannungen zwischen Sunniten und Schiiten in der Region. Der Iran und seine Verbündeten konnten ihren

Einfluss in Syrien und dem Irak erheblich ausbauen, was zu einer verstärkten Rivalität mit Saudi-Arabien und anderen sunnitischen Staaten führte. Diese Spannungen tragen weiterhin zur Instabilität in der Region bei und erschweren eine politische Lösung der anhaltenden Konflikte.

Die militärischen Erfolge der vom Iran unterstützten Kräfte, insbesondere in Syrien, führten zu einer Verschiebung des regionalen Machtgleichgewichts zugunsten Teherans. Diese Entwicklung hat nicht nur die Beziehungen zwischen den Regionalmächten neu definiert, sondern auch das Eingreifen externer Akteure wie Russland und die USA beeinflusst, die jeweils ihre eigenen Interessen in der Region verfolgen.

Trotz des militärischen Erfolgs gegen den IS bleiben viele der zugrunde liegenden Probleme, die zu seinem Aufstieg geführt haben, ungelöst. Die fortgesetzte Instabilität in Syrien, der Irak und die sektiererische Spaltung der Region bieten weiterhin fruchtbaren Boden für extremistische Ideologien und könnten in Zukunft neue Bedrohungen hervorbringen. Die Rolle der Regionalmächte wird dabei entscheidend sein, ob diese Herausforderungen durch Zusammenarbeit und Dialog oder durch anhaltende Rivalitäten und Konflikte angegangen werden.

DIE ROLLE DER USA IM NAHEN OSTEN: EINFLUSS AUF DEN ISLAMISCHEN STAAT

Die Rolle der Vereinigten Staaten im Nahen Osten hat die politische und sicherheitspolitische Landschaft der Region über Jahrzehnte hinweg maßgeblich geprägt. In den letzten zwei Jahrzehnten hat sich der Fokus der US-Politik zunehmend auf die Bekämpfung des Terrorismus und insbesondere auf den Islamischen Staat (IS) gerichtet. Der Aufstieg des IS nach dem Irakkrieg 2003 und während des syrischen Bürgerkriegs ab 2011 stellte eine der größten Herausforderungen für die US-Außenpolitik dar.

Der Einfluss der USA im Nahen Osten reicht bis zur Mitte des 20. Jahrhunderts zurück, aber die Ereignisse nach den Anschlägen vom 11. September 2001 markieren einen Wendepunkt in der amerikanischen Politik in der Region. Die Invasion im Irak im Jahr 2003 war ein entscheidender Faktor für die späteren Entwicklungen, die zum Aufstieg des IS führten.

Die US-Invasion im Irak 2003, die mit dem Sturz von Saddam Hussein endete, hatte tiefgreifende Auswirkungen auf die Stabilität des Landes und der gesamten Region. Die von den USA geführte Koalition verfolgte das Ziel, eine stabile, demokratische Regierung im Irak zu etablieren, doch die Auflösung der irakischen Armee und die Entmachtung der Baath-Partei führten zu einem Machtvakuum und verstärkten sektiererische Spannungen zwischen Sunniten und Schiiten. Aus diesem

Chaos heraus formierten sich verschiedene sunnitische Aufständische Gruppen, die später zum Kern des Islamischen Staates im Irak werden sollten.

Die Bekämpfung des IS wurde ab 2014 zu einem zentralen Ziel der US-Politik im Nahen Osten. Die amerikanische Strategie umfasste eine Kombination aus militärischen Operationen, der Unterstützung regionaler Partner und internationalen diplomatischen Bemühungen.

Die zentrale militärische Operation der USA gegen den IS war die 2014 gestartete Operation Inherent Resolve. Diese multinationale Operation zielte darauf ab, den IS in Syrien und dem Irak durch Luftangriffe, Unterstützung lokaler Bodentruppen und spezielle Operationen zu bekämpfen. Die USA führten die internationale Koalition an, die aus mehr als 70 Ländern bestand, und spielten eine führende Rolle bei der Koordinierung der militärischen Bemühungen. Durch gezielte Luftangriffe, die Unterstützung der irakischen Armee und kurdischer Streitkräfte (Peshmerga) sowie der Syrischen Demokratischen Kräfte (SDF) gelang es, den IS schrittweise aus seinen besetzten Gebieten zu vertreiben.

Ein wesentlicher Bestandteil der US-Strategie war die Unterstützung regionaler Partner. Im Irak konzentrierten sich die USA auf die Ausbildung und Ausrüstung der irakischen Sicherheitskräfte, die nach dem Abzug der US-Truppen im Jahr 2011 deutlich geschwächt waren. Diese Unterstützung war entscheidend für die Rückeroberung von Städten wie Mosul. In

Syrien arbeiteten die USA eng mit den kurdisch geführten SDF zusammen, die als eine der effektivsten Kräfte gegen den IS galten. Diese Partnerschaft war jedoch komplex und führte zu Spannungen mit der Türkei, die die SDF als mit der PKK verbündet ansieht, einer von Ankara als terroristisch eingestuften Organisation.

Neben militärischen Maßnahmen setzten die USA auf diplomatische Bemühungen, um eine breite internationale Koalition gegen den IS zu schmieden. Diese Koalition umfasste nicht nur militärische Beiträge, sondern auch finanzielle und humanitäre Unterstützung. Die USA spielten eine zentrale Rolle bei der Koordinierung dieser Anstrengungen und bemühten sich, die verschiedenen Interessen und Prioritäten der beteiligten Länder in Einklang zu bringen. Zudem drängten die USA ihre Partner, Maßnahmen zur Eindämmung der Finanzierung des IS, insbesondere durch den illegalen Ölhandel, zu ergreifen.

Die US-geführte Strategie war in vielerlei Hinsicht erfolgreich, hatte aber auch unerwartete Konsequenzen, die die komplexe Natur des Konflikts im Nahen Osten widerspiegeln.

Durch die intensiven militärischen Einsätze und die Zusammenarbeit mit lokalen Bodentruppen konnte der IS bis 2019 weitgehend aus seinen territorialen Hochburgen in Syrien und dem Irak vertrieben werden. Die Rückeroberung von Mosul im Irak und Raqqa in Syrien, den beiden wichtigsten Städten des IS, markierte das Ende des Kalifats in seiner territorialen Form.

Diese militärischen Erfolge führten zu einer erheblichen Schwächung der operativen Kapazitäten des IS und seiner Fähigkeit, große Angriffe zu planen und durchzuführen
Der Krieg gegen den IS hatte erhebliche humanitäre Konsequenzen, insbesondere in den vom IS kontrollierten Gebieten. Die intensiven Bombardierungen und Bodenoffensiven führten zu massiven Zerstörungen und zivilen Opfern. Millionen von Menschen wurden vertrieben, und die betroffenen Gesellschaften wurden traumatisiert. Die USA und ihre Partner mussten sich auch mit den langfristigen Herausforderungen des Wiederaufbaus und der Stabilisierung der befreiten Gebiete auseinandersetzen, um ein Wiederaufleben des IS zu verhindern. Dies beinhaltete die Wiederherstellung grundlegender Dienstleistungen, die Förderung von Versöhnungsprozessen und die Unterstützung lokaler Governance-Strukturen.

Die US-Politik im Nahen Osten, insbesondere im Kontext des IS, war mit zahlreichen Herausforderungen und Kontroversen verbunden. Diese betrafen sowohl die innenpolitische Debatte in den USA als auch die Beziehungen zu regionalen und globalen Partnern.

Die Zusammenarbeit der USA mit den kurdischen Kräften in Syrien führte zu erheblichen Spannungen mit der Türkei, einem wichtigen NATO-Verbündeten. Ankara betrachtete die kurdischen YPG-Einheiten, die den Kern der SDF bildeten, als Bedrohung für die eigene nationale Sicherheit. Diese Spannungen eskalierten 2019, als die USA unter der Regierung von Donald Trump den Abzug ihrer Truppen aus Nordsyrien ankündigten und damit eine türkische Militäroffensive gegen die Kurden ermöglichten. Diese Entscheidung wurde sowohl international als auch innerhalb der USA heftig kritisiert, da sie als Verrat an einem wichtigen Verbündeten im Kampf gegen den IS wahrgenommen wurde.

Die anhaltende Präsenz und die militärischen Einsätze der USA im Nahen Osten führten zu einer intensiven innenpolitischen Debatte über die langfristige Rolle der USA in der Region. Während einige argumentierten, dass die USA ihre Präsenz reduzieren und sich auf den Wettbewerb mit Großmächten wie China und Russland konzentrieren sollten, warnten andere vor den Risiken eines voreiligen Abzugs, der ein Wiederaufleben des IS oder anderer extremistischer Gruppen ermöglichen könnte. Diese Debatte spiegelte sich in den unterschiedlichen Ansätzen der aufeinanderfolgenden US-Administrationen wider, von Barack Obama über Donald Trump bis zu Joe Biden.

Die US-Strategie im Kampf gegen den IS hatte auch Auswirkungen auf die Beziehungen zu anderen Regionalmächten, darunter Iran und Saudi-Arabien. Während der Iran und seine Verbündeten in Syrien und dem Irak ebenfalls gegen den IS kämpften, standen sie oft in Konkurrenz zu den von den USA unterstützten Kräften. Dies führte zu einer komplexen Interaktion zwischen Kooperation und Konfrontation in verschiedenen Teilen der Region. Saudi-Arabien hingegen unterstützte die US-Politik weitgehend, hatte jedoch eigene Bedenken hinsichtlich der Rolle des Irans und der Ausbreitung seines Einflusses nach der Zerschlagung des IS.

Die Bekämpfung des IS hat die US-Politik im Nahen Osten in den letzten Jahren dominiert und wird auch weiterhin Einfluss auf die regionalen und globalen Entwicklungen haben.
Obwohl der IS als territoriale Macht weitgehend besiegt wurde, bleibt er eine anhaltende Bedrohung, sowohl in der Region als auch weltweit. Die Fähigkeit des IS, sich an veränderte Umstände anzupassen und seine Ideologie global zu verbreiten, stellt eine Herausforderung für die langfristige Stabilität dar. Die USA und ihre internationalen Partner stehen vor der Aufgabe, nicht nur die militärischen Aspekte der Terrorismusbekämpfung zu berücksichtigen, sondern auch die zugrunde liegenden politischen, wirtschaftlichen und sozialen Ursachen anzugehen, die zur Radikalisierung führen.

Die Erfahrungen im Kampf gegen den IS haben die US-Außenpolitik im Nahen Osten nachhaltig geprägt. Die Debatten über die richtige Balance zwischen militärischem Engagement und diplomatischer Zurückhaltung werden auch in Zukunft die US-Strategie in der Region beeinflussen. Zudem werden die Lehren aus dem Kampf gegen den IS möglicherweise die zukünftige US-Politik in anderen Konfliktzonen der Welt prägen, insbesondere in Bezug auf die Bekämpfung nichtstaatlicher Akteure und transnationaler Bedrohungen.

Die Herausforderungen des Wiederaufbaus und der politischen Stabilisierung in den vom IS befreiten Gebieten sind enorm. Die USA spielen eine wichtige Rolle bei den internationalen Bemühungen um den Wiederaufbau, aber der Erfolg dieser Bemühungen hängt von der Zusammenarbeit mit regionalen Akteuren und der internationalen Gemeinschaft ab. Die langfristige Stabilität des Nahen Ostens wird entscheidend davon abhängen, ob es gelingt, die Ursachen von Gewalt und Extremismus zu bekämpfen und nachhaltige politische Lösungen für die tief verwurzelten Konflikte der Region zu finden.

Die Rolle der USA im Nahen Osten und ihr Einfluss auf den Islamischen Staat sind eng miteinander verknüpft. Während die militärischen Erfolge der USA und ihrer Partner zur Zerschlagung des IS-Kalifats geführt haben, bleiben die langfristigen Herausforderungen für die Region und die Welt bestehen. Die Bekämpfung des IS hat nicht nur die regionale Geopolitik beeinflusst, sondern auch die Richtung der US-Außenpolitik und die globale Sicherheitsarchitektur geprägt. Die Zukunft des Nahen Ostens wird maßgeblich davon abhängen, wie die USA und ihre Partner die komplexen politischen, sozialen und wirtschaftlichen Herausforderungen angehen, die weiterhin die Region destabilisieren und Extremismus nähren.

RUSSLANDS ENGAGEMENT IN SYRIEN UND DER EINFLUSS AUF DEN IS

Seit Beginn des syrischen Bürgerkriegs im Jahr 2011 hat sich Russland als einer der zentralen Akteure in diesem komplexen Konflikt positioniert. Das russische Engagement in Syrien markierte einen Wendepunkt in der internationalen Dynamik des Nahen Ostens und hatte erhebliche Auswirkungen auf die regionale Sicherheitslage, einschließlich des Kampfes gegen den Islamischen Staat (IS). Während der offizielle Diskurs Moskaus von der Notwendigkeit sprach, den globalen Terrorismus zu bekämpfen, einschließlich des IS, verfolgte Russland in Syrien eine vielschichtige Strategie, die sowohl geopolitische als auch militärische Ziele verfolgte.

Russlands Engagement in Syrien ist tief in historischen, geopolitischen und sicherheitspolitischen Überlegungen verwurzelt. Die Beziehungen zwischen Moskau und Damaskus reichen bis in die Sowjetzeit zurück, als Syrien einer der engsten Verbündeten der UdSSR im Nahen Osten war. Diese Beziehungen wurden nach dem Zusammenbruch der Sowjetunion weitgehend beibehalten und spielten eine entscheidende Rolle in Moskaus Entscheidung, das Assad-Regime zu unterstützen.

Ein zentrales Motiv für Russlands Engagement in Syrien war das Ziel, seinen Einfluss im Nahen Osten zu festigen und als globaler Akteur auf Augenhöhe mit den USA und ihren

Verbündeten wahrgenommen zu werden. Syrien bot Moskau die Möglichkeit, seinen einzigen Mittelmeerstützpunkt in Tartus zu erhalten und seine militärische Präsenz in der Region zu erweitern. Zudem sah Russland im syrischen Konflikt eine Gelegenheit, das Prinzip der nationalen Souveränität gegen westliche Interventionen zu verteidigen und Präzedenzfälle für einen Regimewechsel durch äußeren Druck zu verhindern.

Von Anfang an war es klar, dass Russland fest an der Seite des syrischen Präsidenten Baschar al-Assad stand. Moskau betrachtete Assad als einen stabilen und verlässlichen Partner, dessen Sturz zu Chaos führen und möglicherweise extremistische Kräfte, darunter der IS, stärken würde. Russland argumentierte, dass ein Zusammenbruch des Assad-Regimes den gesamten Nahen Osten destabilisieren könnte und den Terrorismus weiter anheizen würde.

Am 30. September 2015 begann Russland offiziell mit einer umfassenden militärischen Intervention in Syrien. Diese Entscheidung markierte eine Eskalation des Konflikts und war ein entscheidender Faktor im Verlauf des Krieges.

Die russische Regierung rechtfertigte ihre Intervention in Syrien mit der Notwendigkeit, gegen den internationalen Terrorismus zu kämpfen, insbesondere gegen den IS. In der offiziellen Darstellung Moskaus handelte es sich um eine Präventivmaßnahme, um zu verhindern, dass der Terrorismus weiter nach Russland und in seine Einflussgebiete vordringt. Tatsächlich waren Tausende von Kämpfern aus dem

Nordkaukasus und Zentralasien dem IS beigetreten, was Russland eine reale Bedrohung darstellte.

Obwohl die russischen Luftangriffe offiziell gegen den IS gerichtet waren, richteten sie sich in der Realität häufig gegen eine breite Palette von oppositionellen Gruppen, einschließlich solcher, die von den USA und anderen westlichen Staaten unterstützt wurden. Ein Großteil der russischen Luftangriffe konzentrierte sich auf Gebiete, die von anderen Rebellengruppen kontrolliert wurden, insbesondere in der Nähe von strategisch wichtigen Städten wie Aleppo und Idlib. Der IS war zwar auch ein Ziel russischer Angriffe, jedoch nicht das Hauptziel. Diese Taktik zielte darauf ab, die Opposition gegen Assad zu schwächen und seine Position zu festigen.

Russlands militärisches Engagement in Syrien erfolgte nicht isoliert, sondern in enger Abstimmung mit dem Iran und der libanesischen Hisbollah, die ebenfalls Assad unterstützten. Diese Zusammenarbeit ermöglichte es Russland, seine militärischen Erfolge zu maximieren und die Logistik sowie den Einsatz von Bodentruppen zu ergänzen. Auf der diplomatischen Ebene kooperierte Russland auch mit der Türkei, trotz der Spannungen, die durch den Abschuss eines russischen Kampfjets durch die türkische Luftwaffe im November 2015 entstanden waren. Diese Kooperation wurde später durch die Astana-Friedensgespräche institutionalisiert, bei denen Russland, die Türkei und der Iran versuchten, eine Lösung für den syrischen Konflikt zu finden. Russlands militärische

Intervention in Syrien hatte erhebliche Auswirkungen auf die Dynamik des Konflikts und damit auch auf den IS.

Russlands Luftangriffe und die Unterstützung für die syrische Armee trugen zur Rückeroberung mehrerer Gebiete bei, die zuvor vom IS kontrolliert wurden, darunter die historische Stadt Palmyra, die im März 2016 befreit wurde. Diese Erfolge wurden in den russischen Medien als Beweis für die Wirksamkeit der russischen Militärstrategie und den Beitrag zur globalen Terrorismusbekämpfung gefeiert.

Gleichzeitig hatten die russischen Angriffe auf andere oppositionelle Gruppen unbeabsichtigte Folgen. Durch die Schwächung der moderaten Opposition und anderer Rebellengruppen konnte der IS in bestimmten Gebieten seine Position stärken oder zumindest von der Destabilisierung seiner Gegner profitieren. Diese Dynamik zeigte die komplexen Wechselwirkungen innerhalb des syrischen Kriegsgebiets, in dem verschiedene Akteure um die Vorherrschaft kämpften.

Russland nutzte seinen Kampf gegen den IS auch als Teil einer breiteren Propagandakampagne, um seine Rolle als verantwortungsbewusster globaler Akteur und als Bollwerk gegen den Terrorismus zu präsentieren. Dies wurde durch eine intensive Medienberichterstattung unterstützt, die die russischen militärischen Erfolge hervorhob und gleichzeitig die westlichen Bemühungen als ineffektiv darstellte. Diese Propaganda war nicht nur auf die internationale Gemeinschaft ausgerichtet, sondern diente auch der innenpolitischen Legitimation der russischen Regierung und der Mobilisierung öffentlicher Unterstützung für das militärische Engagement.

Das russische Engagement in Syrien hat nicht nur den Verlauf des syrischen Bürgerkriegs entscheidend beeinflusst, sondern auch weitreichende geopolitische Konsequenzen, die über den unmittelbaren Konflikt hinausgehen.

Russlands Intervention in Syrien hat Moskaus Position als zentrale Macht im Nahen Osten gestärkt. Durch die Unterstützung des Assad-Regimes hat Russland nicht nur seine militärische Präsenz in der Region ausgebaut, sondern sich auch als unverzichtbarer Akteur in der regionalen Diplomatie etabliert. Dies zeigte sich in den zahlreichen Friedensverhandlungen, bei denen Russland eine Schlüsselrolle spielte.

Die russische Intervention in Syrien führte zu einer Verschärfung der Spannungen zwischen Russland und den westlichen Staaten, insbesondere den USA. Während beide Seiten offiziell den Kampf gegen den IS unterstützten, gab es erhebliche Meinungsverschiedenheiten über die Taktik und die Ziele des jeweiligen Engagements. Diese Spannungen spiegelten sich auch in der NATO wider, wo die Mitgliedstaaten über den richtigen Umgang mit Russlands Vorgehen debattierten.

Trotz der militärischen Erfolge bleibt die langfristige Stabilität Syriens ungewiss. Die Unterstützung Russlands für Assad hat zwar das Regime gestärkt, aber auch die grundlegenden politischen und sozialen Probleme des Landes ungelöst gelassen.

Diese Herausforderungen, einschließlich der anhaltenden sektiererischen Spannungen und des Wiederaufbaus des zerstörten Landes, könnten in Zukunft neue Konflikte und möglicherweise die Wiederbelebung extremistischer Gruppen wie des IS hervorrufen.

Mit dem militärischen Sieg Assads und der weitgehenden Zerschlagung des IS wandte sich Russland auch dem wirtschaftlichen Wiederaufbau Syriens zu, was Moskau weitere Möglichkeiten bot, seinen Einfluss in der Region zu festigen.

Russland ist daran interessiert, vom Wiederaufbau Syriens zu profitieren, insbesondere durch Verträge im Energie- und Bausektor. Diese wirtschaftlichen Aktivitäten ermöglichen es Russland, seine Präsenz in Syrien langfristig zu sichern und gleichzeitig wirtschaftliche Vorteile aus seiner Unterstützung für Assad zu ziehen.

Trotz dieser Ambitionen steht Russland vor erheblichen Herausforderungen beim Wiederaufbau Syriens, insbesondere aufgrund der internationalen Sanktionen und der begrenzten Unterstützung durch westliche Staaten. Die Zusammenarbeit mit anderen regionalen Akteuren, einschließlich des Irans und der Türkei, wird entscheidend sein, um die Stabilität des Landes zu gewährleisten und den Einfluss des IS und anderer extremistischer Gruppen endgültig zu unterbinden.

OPERATION INHERENT RESOLVE

Operation Inherent Resolve ist der Codename für die internationale militärische Kampagne, die im Jahr 2014 von den Vereinigten Staaten und einer Koalition von Partnern ins Leben gerufen wurde, um den Vormarsch des Islamischen Staates (IS) im Irak und Syrien zu stoppen und zurückzudrängen. Diese Operation markiert einen bedeutenden Moment in der modernen militärischen Geschichte, da sie sowohl die Rückeroberung großer Gebiete als auch die Zerschlagung der territorialen Basis des IS zum Ziel hatte. Die Komplexität dieser Kampagne, die Vielzahl der beteiligten Akteure und die langfristigen strategischen Implikationen machen Operation Inherent Resolve zu einem zentralen Thema in der Diskussion über internationale Sicherheit und Terrorismusbekämpfung.

Die Vereinigten Staaten, die bereits seit dem Sturz Saddam Husseins im Jahr 2003 militärisch im Irak engagiert waren, sahen sich aufgrund des rapiden IS-Vormarschs und der humanitären Katastrophen, die er auslöste, gezwungen, erneut militärisch einzugreifen. Die Entscheidung zur

Operation Inherent Resolve fiel vor dem Hintergrund einer breiten internationalen Koalition, die sich zur Bekämpfung des IS zusammenschloss. Diese Koalition umfasste sowohl westliche Staaten als auch regionale Mächte aus dem Nahen Osten. Im August 2014 genehmigte Präsident Barack Obama die ersten Luftschläge gegen IS-Stellungen im Irak.

Das Hauptziel von Operation Inherent Resolve war die „Degradierung und letztendliche Zerstörung“ des Islamischen Staates. Dieses Ziel sollte durch eine Kombination aus Luftangriffen, der Unterstützung lokaler Bodentruppen und der Zerschlagung der Finanz- und Rekrutierungsnetzwerke des IS erreicht werden. Die Operation zielte darauf ab, die territoriale Ausdehnung des IS einzudämmen, kritische Infrastrukturen zu zerstören und die von den Extremisten kontrollierten Gebiete zu befreien.

Operation Inherent Resolve war von Anfang an als multinationale Anstrengung konzipiert. Die Koalition umfasste über 70 Staaten und Organisationen, die auf verschiedene Weise zum Erfolg der Mission beitrugen. Während die USA den Großteil der Luftangriffe durchführten, stellten andere NATO-Staaten und regionale Partner Aufklärungsunterstützung, logistische Hilfe und humanitäre Hilfe bereit. Länder wie Frankreich, Großbritannien und Australien führten ebenfalls Luftschläge durch, während Partner wie Jordanien und die Vereinigten Arabischen Emirate sich auf die

Bekämpfung der IS-Propaganda und der Finanzierung konzentrierten.

Ein zentraler Aspekt der Strategie von OIR war die Unterstützung lokaler Streitkräfte, die als „Stellvertreter" am Boden agierten. Im Irak unterstützte die Koalition die irakische Armee, die kurdischen Peschmerga und verschiedene Milizen im Kampf gegen den IS. In Syrien wurde die Demokratische Allianz Syriens (SDF), die überwiegend von kurdischen Kämpfern angeführt wurde, zur wichtigsten Bodentruppe gegen den IS. Diese Strategie war darauf ausgelegt, das Risiko für westliche Truppen zu minimieren, indem man sich auf lokale Kräfte stützte, die mit Luftunterstützung und Waffenlieferungen ausgestattet wurden.

In den ersten Monaten nach dem Beginn der Operation konzentrierten sich die Luftschläge auf die Eindämmung des IS-Vormarschs und den Schutz kritischer Infrastrukturen sowie ziviler Bevölkerung. Die Angriffe zielten auf IS-Kämpfer, Waffenlager, Ölfelder und logistische Einrichtungen ab. Diese Phase der Operation war entscheidend, um die Dynamik des IS zu brechen und den Vormarsch auf Bagdad zu verhindern. Gleichzeitig begann die Koalition, die irakischen und kurdischen Kräfte auszurüsten und zu trainieren, um die Voraussetzungen für eine Gegenoffensive zu schaffen.

Die Schlacht um Mossul, die im Oktober 2016 begann und im Juli 2017 mit der Rückeroberung der Stadt endete, markierte einen Wendepunkt im Kampf gegen den IS. Mossul war die größte Stadt unter der Kontrolle des IS und hatte symbolische Bedeutung als Standort der Verkündung des Kalifats durch al-Baghdadi. Die Rückeroberung von Mossul war das Ergebnis intensiver Kämpfe, bei denen irakische Truppen, kurdische Peschmerga und die Koalition eng zusammenarbeiteten.

Parallel dazu begannen die SDF-Truppen in Syrien mit der Belagerung von Raqqa, der inoffiziellen Hauptstadt des IS. Die Schlacht um Raqqa, die im Juni 2017 begann und im Oktober 2017 endete, führte zur Zerschlagung des administrativen und militärischen Zentrums des IS in Syrien. Die Rückeroberung von Raqqa stellte einen weiteren bedeutenden Erfolg für die Koalition dar, führte jedoch auch zu erheblichen Zerstörungen und Verlusten unter der Zivilbevölkerung.

Obwohl der IS nach den Verlusten von Mossul und Raqqa seine territoriale Basis weitgehend verlor, war er nicht vollständig besiegt. Viele Kämpfer zogen sich in ländliche Gebiete oder in die Wüste zurück, von wo aus sie eine Guerilla-Taktik gegen die Koalition und lokale Kräfte betrieben. Zudem verlegte sich der IS verstärkt auf terroristische Anschläge außerhalb seines ursprünglichen Einflussgebietes, insbesondere in Europa und anderen Teilen der Welt. Dies zeigte, dass die Organisation trotz ihrer Niederlagen weiterhin eine Bedrohung darstellte und sich schnell an veränderte Umstände anpassen konnte.

Die militärischen Operationen von OIR hatten massive humanitäre Folgen. Städte wie Mossul und Raqqa wurden durch die Kämpfe schwer beschädigt, und es kam zu großen Verlusten unter der Zivilbevölkerung. Schätzungen zufolge starben Tausende von Zivilisten bei den Luftangriffen und Bodenkämpfen, und Millionen wurden vertrieben. Die humanitäre Krise in der Region verschärfte sich weiter, da der Wiederaufbau von Infrastruktur, Gesundheitsdiensten und Wohnraum nur schleppend vorankam.

Nach dem militärischen Sieg über den IS sahen sich der Irak und Syrien mit der enormen Herausforderung konfrontiert, politische Stabilität und funktionierende Regierungsstrukturen wiederherzustellen. Im Irak erschwerten die tiefen ethnischen und religiösen Spannungen zwischen Schiiten, Sunniten und Kurden den Wiederaufbau und die nationale Versöhnung. In Syrien blieb die politische Lage durch den anhaltenden Bürgerkrieg und die rivalisierenden regionalen und internationalen Interessen weiterhin instabil. Der fehlende politische Fortschritt und die andauernde Unsicherheit erhöhten das Risiko, dass radikale Gruppen erneut Fuß fassen könnten.

Die Operation Inherent Resolve hatte auch weitreichende Auswirkungen auf die globale Sicherheit. Der IS nutzte seine Medienkompetenz und die weit verbreitete Nutzung sozialer Medien, um ein internationales Netzwerk von Anhängern zu schaffen, die in ihren Heimatländern Anschläge verübten. Die Rückkehr von ausländischen Kämpfern in ihre Heimatländer stellte eine zusätzliche Sicherheitsbedrohung dar, da diese erfahrenen und radikalisierten Kämpfer schwer zu überwachen und zu rehabilitieren sind. Die Bekämpfung dieser transnationalen Bedrohung bleibt eine der größten Herausforderungen für die internationale Gemeinschaft.

Trotz der Erfolge von Operation Inherent Resolve bleibt der IS weiterhin aktiv, wenn auch in anderer Form. Die Organisation hat sich dezentralisiert und operiert nun als Netz von Zellen und Anhängern in verschiedenen Regionen, insbesondere in Afrika und Südostasien. Die Bekämpfung dieser neuen Form des IS erfordert angepasste Strategien, die sich nicht nur auf militärische Maßnahmen konzentrieren, sondern auch auf die Bekämpfung der ideologischen Grundlagen des Extremismus und die Stärkung lokaler Governance-Strukturen.

Operation Inherent Resolve hat gezeigt, dass multinationale Kooperation in der Terrorismusbekämpfung von entscheidender Bedeutung ist. Die Koordination zwischen verschiedenen Militärs, Geheimdiensten und diplomatischen Akteuren hat wesentlich zum Erfolg der Operation beigetragen. Künftige Antiterrorstrategien müssen weiterhin auf diese internationale Zusammenarbeit setzen, um flexibel auf neue Bedrohungen reagieren zu können. Gleichzeitig zeigt der Fall von OIR die Grenzen militärischer Interventionen auf, insbesondere in Bezug auf den nachhaltigen Wiederaufbau und die politische Stabilisierung von Krisenregionen.

Die Operation hat auch eine Diskussion über die Einhaltung von Menschenrechten und die Verantwortlichkeit in militärischen Kampagnen ausgelöst. Die Berichte über zivile Opfer und die Zerstörung von Infrastruktur in den betroffenen Gebieten haben die Notwendigkeit verdeutlicht, strenge Regeln für militärische Operationen in dicht besiedelten Gebieten einzuhalten. Die Verantwortung der internationalen Gemeinschaft, nicht nur kurzfristige militärische Siege zu erzielen, sondern auch langfristig stabile und gerechte Verhältnisse zu schaffen, ist eine der zentralen Lehren aus Operation Inherent Resolve.

Operation Inherent Resolve war eine der bedeutendsten militärischen Interventionen der letzten Jahrzehnte, die in vielerlei Hinsicht den modernen Kampf gegen transnationalen Terrorismus neu definiert hat. Die Operation war erfolgreich darin, das territoriale Kalifat des Islamischen Staates zu zerstören und seine militärische Stärke zu brechen. Doch die anhaltende Bedrohung durch den IS in seiner neuen Form sowie die tiefgreifenden politischen und humanitären Herausforderungen in den betroffenen Regionen zeigen, dass der Kampf gegen extremistische Gruppen wie den IS weit über den militärischen Sieg hinausgeht. Langfristige Stabilität und Sicherheit können nur durch eine Kombination aus militärischen, politischen, diplomatischen und humanitären Maßnahmen erreicht werden, die sowohl die unmittelbaren Bedrohungen bekämpfen als auch die tieferen Ursachen des Extremismus angehen.

DER NIEDERGANG DES KALIFATS IM ISLAMISCHEN STAAT: VERLUST VON TERRITORIEN UND FÜHRUNGSPERSONEN

Der territoriale Zerfall des Kalifats begann ernsthaft im Jahr 2015, als eine internationale Koalition unter der Führung der Vereinigten Staaten begann, Luftangriffe auf IS-Positionen zu fliegen. Diese Luftangriffe, zusammen mit Bodenoffensiven von kurdischen, irakischen und syrischen Streitkräften, führten zu einem schrittweisen Rückzug des IS aus seinen wichtigsten Hochburgen.

Schlacht um Kobane (2014-2015): Einer der ersten symbolischen Verluste für den IS war die Schlacht um die syrische Stadt Kobane. Die kurdischen Volksverteidigungseinheiten (YPG), unterstützt von US-Luftangriffen, konnten die Stadt nach monatelangen Kämpfen zurückerobern. Der Verlust von Kobane markierte einen Wendepunkt im Kampf gegen den IS, da er zeigte, dass die Gruppe nicht unbesiegbar war.

Rückeroberung von Ramadi und Falludscha (2016): Im Irak führten die irakischen Streitkräfte, unterstützt von der internationalen Koalition, erfolgreiche Operationen zur Rückeroberung der Städte Ramadi und Falludscha durch. Diese Städte waren wichtige strategische Zentren für den IS im Westen des Iraks, und ihr Verlust schwächte die Logistik und die moralische Basis der Gruppe erheblich.

Schlacht um Mosul (2016-2017): Die Rückeroberung von Mosul, war ein entscheidender Schlag gegen den IS. Die Schlacht um Mosul dauerte fast neun Monate und war von heftigen Kämpfen geprägt. Der Verlust von Mosul bedeutete das Ende des IS als territorialer Machtfaktor im Irak.

Rakka (2017): Die syrische Stadt Rakka galt als inoffizielle Hauptstadt des Kalifats und war ein zentrales Symbol für die Macht des IS. Im Oktober 2017 wurde Rakka von den Syrischen Demokratischen Kräften (SDF), unterstützt von der internationalen Koalition, zurückerobert. Der Fall von Rakka besiegelte den territorialen Zusammenbruch des IS in Syrien.

Der Verlust von Territorium war für den IS besonders verheerend, da seine Legitimität und Anziehungskraft stark mit der

Idee des Kalifats verbunden waren. Die Propaganda des IS betonte immer wieder die Notwendigkeit, ein islamisches Territorium zu kontrollieren und zu verteidigen. Mit dem Verlust dieser Gebiete verlor der IS nicht nur wichtige Ressourcen, sondern auch einen großen Teil seiner ideologischen Glaubwürdigkeit. Die territorialen Niederlagen führten auch zu einem Rückgang der Rekrutierungszahlen, da viele ausländische Kämpfer ihre Reisepläne in den Nahen Osten aufgaben oder desertierten.

Der IS war stark zentralisiert und hing in hohem Maße von der Führung durch charismatische und strategisch versierte Persönlichkeiten ab. Diese Führungspersonen waren entscheidend für die Ideologie, Organisation und Operationsfähigkeit des IS. Der Verlust dieser Schlüsselpersonen trug wesentlich zur Schwächung der Organisation bei.

Im Zuge der militärischen Operationen gegen den IS wurden zahlreiche hochrangige Führungspersönlichkeiten gezielt getötet. Diese gezielten Tötungen wurden in erster Linie durch Drohnenangriffe und Spezialoperationen der US-geführten Koalition durchgeführt.

Abu Bakr al-Baghdadi: Der selbsternannte Kalif und Anführer des IS, Abu Bakr al-Baghdadi, war das Gesicht der Organisation und eine zentrale Figur für ihre ideologische Ausrichtung. Er wurde im Oktober 2019 bei einer US-Spezialoperation in der syrischen Provinz Idlib getötet. Der Tod al-Baghdadis hinterließ ein Machtvakuum und führte zu einer internen Krise innerhalb des IS, da seine Nachfolge unklar war und die Organisation an Zusammenhalt verlor.

Abu Muhammad al-Adnani: Al-Adnani war der offizielle Sprecher des IS und einer der Hauptarchitekten der internationalen Terrorstrategie der Gruppe. Er spielte eine entscheidende Rolle bei der Koordinierung von Anschlägen im Ausland, einschließlich der Angriffe in Paris im Jahr 2015. Al-Adnani wurde im August 2016 bei einem Luftangriff getötet, was die Fähigkeit des IS, globale Operationen zu planen und durchzuführen, erheblich schwächte.

Abu Omar al-Shishani: Bekannt als "der Tschetschene", war al-Shishani ein hochrangiger Militärkommandant des IS und eine Schlüsselfigur in den militärischen Operationen in Syrien. Er wurde im Juli 2016 bei einem US-Luftangriff getötet. Al-Shishanis Tod war ein schwerer Schlag für die militärische Führung des IS, da er als einer der fähigsten und erfahrensten Kommandeure der Gruppe galt.

Abu Bakr al-Baghdadis Nachfolger: Nach dem Tod al-Baghdadis ernannte der IS Abu Ibrahim al-Haschimi al-Quraischi zum neuen Anführer. Al-Quraischi wurde jedoch im Februar 2022 ebenfalls bei einer US-Spezialoperation getötet, was die Führungskrise des IS weiter verschärfte.

Der Verlust von Führungspersonen hatte tiefgreifende Auswirkungen auf die Organisation und Kohärenz des IS. Diese Tötungen destabilisierten die zentrale Führung und führten zu Machtkämpfen und internen Spannungen. Darüber hinaus erschwerten sie die Fähigkeit des IS, groß angelegte

Operationen zu koordinieren und seine Propaganda auf dem gleichen Niveau wie zuvor aufrechtzuerhalten. Die gezielte Eliminierung von Schlüsselpersonen untergrub die organisatorische Effizienz des IS und reduzierte seine Attraktivität für neue Rekruten, die durch die zunehmende Instabilität abgeschreckt wurden.

Neben dem Verlust von Territorien und Führungspersonen trugen auch interne Faktoren zum Niedergang des Kalifats bei. Der IS war von Anfang an eine stark zentralisierte Organisation, die auf den persönlichen Netzwerken und der ideologischen Vision von al-Baghdadi und seinem inneren Kreis beruhte. Diese Zentralisierung führte zu einer Abhängigkeit von wenigen Schlüsselpersonen und machte die Organisation anfällig für gezielte Tötungen.

Darüber hinaus führte die brutale und repressive Herrschaft des IS zu einer zunehmenden Entfremdung der Bevölkerung in den von ihm kontrollierten Gebieten. Die drakonischen Strafen und die extreme Interpretation der Scharia, die der IS durchsetzte, führten zu Widerstand und Aufständen, die die Stabilität des Kalifats weiter untergruben.

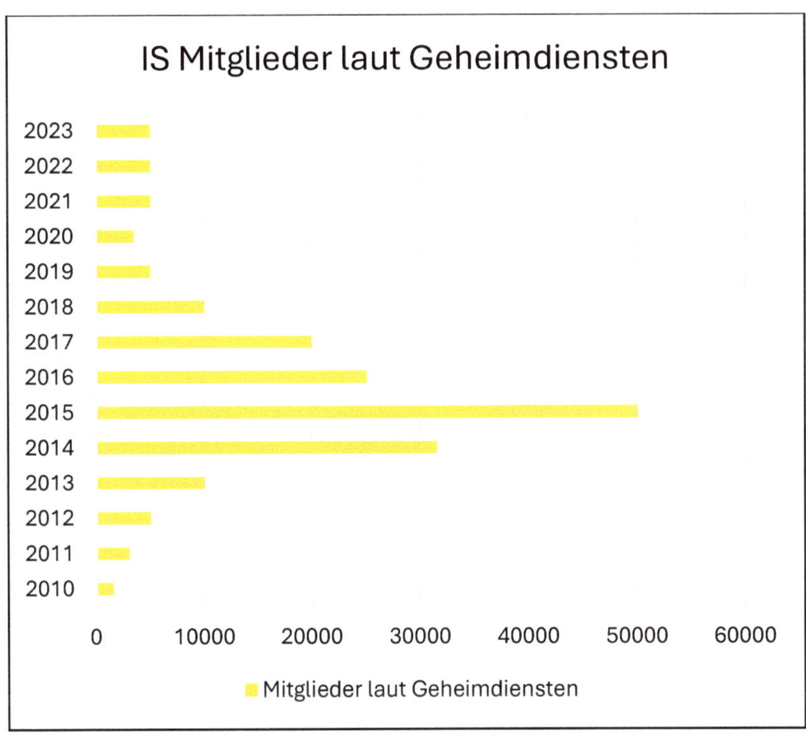

Die vorliegenden Daten zeigen die geschätzte Anzahl der Mitglieder des Islamischen Staates (IS) laut Geheimdiensten von 2010 bis 2023. In den ersten Jahren, von 2010 bis 2012, war die Mitgliederzahl niedrig, beginnend mit etwa 1.500 Mitgliedern im Jahr 2010 und steigend auf 5.000 bis 2012.

Ein markanter Anstieg wurde im Jahr 2013 verzeichnet, als die Mitgliederzahl auf 10.000 anwuchs. Der größte Zuwachs fand 2014 statt, als die Mitgliederzahl auf 31.500 anstieg. Dies korreliert mit der intensiven militärischen Expansion und territorialen Kontrolle des IS in Irak und Syrien.

Im Jahr 2015 erreichte der IS mit etwa 50.000 Mitgliedern seinen Höhepunkt. Danach begann die Mitgliederzahl jedoch zu sinken, was auf militärische Niederlagen und geopolitische Veränderungen in der Region hinweist. 2016 war die Zahl mit 25.000 Mitgliedern immer noch hoch, fiel jedoch bis 2019 auf 5.000. In den folgenden Jahren schwankte die Zahl zwischen 3.500 und 5.000, was auf eine Stabilisierung der verbleibenden Mitglieder hinweist, trotz anhaltender militärischer Bemühungen gegen die Gruppe.

DER ISLAMISCHE STAAT NACH DEM KALIFAT: FRAGMENTIERUNG UND NEUAUSRICHTUNG

Nach dem Verlust seines Kalifats zerfiel der IS in verschiedene, lose miteinander verbundene Gruppen, die in unterschiedlichen Regionen der Welt operieren. Diese Fragmentierung ist ein charakteristisches Merkmal des IS in der Post-Kalifat-Ära.

Regionale Ableger und Affiliate-Gruppen

Mit dem territorialen Zusammenbruch in Syrien und im Irak verlagerte der IS seine Aktivitäten zunehmend auf andere Regionen, insbesondere nach Afrika, Südasien und Zentralasien. Diese Neuausrichtung zeigte sich in der verstärkten Aktivität von IS-Ablegern wie der "Provinz Khorasan" in

Afghanistan, "Provinz Westafrika" (ISWAP) in Nigeria und der "Provinz Sinai" in Ägypten.

Diese Gruppen operieren weitgehend unabhängig voneinander, teilen jedoch die ideologische Ausrichtung und das Bekenntnis zur globalen Dschihad-Bewegung. Sie agieren in lokalen Konflikten und nutzen regionale Instabilitäten, um ihre Positionen zu festigen. Durch diese Fragmentierung hat der IS seine geografische Reichweite erweitert und eine flexible Struktur entwickelt, die schwerer zu bekämpfen ist als ein zentralisiertes Kalifat.

Mit der Fragmentierung ging eine Dezentralisierung der Führung einher. Nach dem Tod des ersten IS-Kalifen Abu Bakr al-Baghdadi im Oktober 2019 übernahm Abu Ibrahim al-Haschimi al-Quraischi die Führung. Doch auch er wurde im Februar 2022 getötet. Die Führungspositionen wurden seitdem mehrfach neu besetzt, was auf die Herausforderungen hinweist, denen sich die Organisation in Bezug auf Führung und Kohärenz gegenübersieht.

Die Dezentralisierung ermöglichte es dem IS jedoch auch, eine größere Widerstandsfähigkeit gegenüber militärischem Druck zu entwickeln. Anstatt sich auf eine zentrale Führung zu verlassen, die durch gezielte Angriffe ausgeschaltet werden könnte, operieren die verschiedenen Gruppen autonom und sind dadurch weniger anfällig für eine vollständige Zerschlagung.

Die Neuausrichtung des IS nach dem Verlust seines Kalifats umfasste sowohl strategische als auch taktische Anpassungen. Diese Veränderungen waren entscheidend für das Überleben der Organisation in einer Welt, in der sie nicht mehr über ein festes Territorium verfügt.

Eine der wichtigsten strategischen Anpassungen des IS war die Rückkehr zu einer klassischen Aufstandsstrategie. Diese Strategie hatte der IS bereits vor der Ausrufung des Kalifats im Jahr 2014 erfolgreich angewendet. Nach dem Verlust seines Territoriums kehrte der IS zu dieser Taktik zurück, indem er Guerilla-Operationen durchführte, Anschläge plante und ausführte sowie lokale Aufstände unterstützte. Dies ermöglichte es dem IS, weiterhin als Bedrohung in den betroffenen Regionen präsent zu sein, ohne sich auf die Verteidigung von Territorium konzentrieren zu müssen.

Ein weiterer zentraler Aspekt der Neuausrichtung des IS war die verstärkte Nutzung von Propaganda und digitalen Netzwerken. Auch nach dem Verlust seines Kalifats blieb der IS in der Lage, seine Botschaften über das Internet und soziale Medien zu verbreiten. Diese Propaganda diente nicht nur der Rekrutierung neuer Anhänger, sondern auch der Aufrechterhaltung der moralischen und ideologischen Kohärenz unter den verbliebenen Kämpfern und Unterstützern.

Die Propagandamaschine des IS hat sich trotz militärischer Niederlagen als bemerkenswert widerstandsfähig erwiesen. Sie hat dazu beigetragen, den Mythos des IS am Leben zu erhalten und seine globale Anhängerschaft zu mobilisieren, insbesondere in Regionen, in denen die Gruppe noch aktiv ist.

Eine weitere wichtige Anpassung des IS war die Fähigkeit, sich an lokale Gegebenheiten anzupassen. In Regionen wie dem Sahel in Afrika, wo staatliche Strukturen schwach sind, und ethnische Spannungen bestehen, hat der IS Allianzen mit lokalen Gruppen geschlossen und bestehende Konflikte ausgenutzt, um seinen Einfluss auszubauen. Diese Anpassungsfähigkeit hat es dem IS ermöglicht, in einigen Regionen sogar an Einfluss zu gewinnen, obwohl die Organisation auf globaler Ebene geschwächt wurde.

WER WIRD ZUM TERRORISTEN?

Die Frage, wer zu IS-Terroristen in Europa wird, erfordert eine differenzierte Analyse, die eine Vielzahl von sozialen, politischen, psychologischen und kulturellen Faktoren berücksichtigt. Diese Analyse untersucht die Rekrutierungsprozesse, die soziodemografischen Profile der Rekruten, ihre Motivationen und die Rolle von Ideologie und Propaganda. Sie berücksichtigt auch die geopolitischen Rahmenbedingungen, die die Attraktivität extremistischer Ideologien fördern.

Die meisten europäischen IS-Rekruten sind junge Männer im Alter von 18 bis 35 Jahren. Studien zeigen jedoch, dass auch Frauen und Minderjährige zunehmend rekrutiert werden.

Frauen machen etwa 10 bis 15 Prozent der europäischen IS-Anhänger aus, oft mit der Funktion, den „islamischen Staat" als Mütter zukünftiger Kämpfer zu unterstützen.

Die Bildungshintergründe der IS-Rekruten sind heterogen. Während einige gut ausgebildet sind und einen beruflichen Hintergrund in Technik oder Medizin haben, weisen viele nur geringe schulische oder berufliche Qualifikationen auf. Diese Diskrepanz zeigt, dass es keinen eindeutigen Zusammenhang zwischen Bildungsgrad und Anfälligkeit für Radikalisierung gibt.

Eine beträchtliche Anzahl der europäischen IS-Kämpfer stammt aus Migrantenfamilien der zweiten oder dritten Generation, insbesondere aus muslimischen Gemeinschaften. Oft erleben diese jungen Menschen eine Identitätskrise und fühlen sich weder vollständig in ihrer Herkunftskultur noch in der westlichen Gesellschaft integriert. Diese „Zwischenstellung" kann sie anfälliger für radikale Ideologien machen, die ihnen eine starke, klare Identität versprechen.

Die Ideologie des „Islamischen Staates" bietet eine Weltanschauung, die einfach, aber mächtig ist: eine klare Unterscheidung zwischen „Gut" und „Böse" und das Versprechen einer sofortigen Belohnung im Jenseits für das Engagement im „heiligen Krieg". Für viele Rekruten ist die Ideologie des IS attraktiv, weil sie ihnen ein Gefühl der Zugehörigkeit und Sinnhaftigkeit gibt, das ihnen in ihrem bisherigen Leben gefehlt hat.

Radikalisierung erfolgt selten isoliert, sondern häufig innerhalb sozialer Netzwerke. Enge Freundschaften oder familiäre Verbindungen zu bereits radikalisierten Personen erhöhen die Wahrscheinlichkeit, dass eine Person selbst radikalisiert wird. In einigen Fällen sind ganze Familien oder Freundesgruppen gemeinsam zum IS gereist.

Die soziale und politische Marginalisierung von Muslimen in Europa wird oft als einer der Hauptfaktoren für die Radikalisierung genannt. Diskriminierung, wirtschaftliche Benachteiligung und das Gefühl, von der Gesellschaft ausgeschlossen zu sein, können junge Menschen in die Arme extremistischer Gruppen treiben, die ihnen Macht, Respekt und Bedeutung versprechen.

Der IS hat soziale Medien und andere Online-Plattformen geschickt genutzt, um junge Menschen zu rekrutieren. Professionell produzierte Videos, die Heldengeschichten und das „Paradies auf Erden“ im Kalifat darstellen, sprechen besonders junge, beeinflussbare Menschen an. Die virtuelle Gemeinschaft, die über soziale Medien aufgebaut wird, kann genauso stark sein wie reale Gemeinschaften und bietet eine Plattform für radikale Ideologie, die über nationale Grenzen hinweg verbreitet wird.

Nach der Rekrutierung durchlaufen die Anhänger oft eine intensive ideologische Schulung, die online oder in Trainingslagern des IS stattfindet. Diese Schulungen beinhalten sowohl religiöse als auch militärische Elemente und zielen darauf ab, die Rekruten mental und physisch auf den Dschihad vorzubereiten.

Die Konflikte im Nahen Osten, insbesondere in Syrien und im Irak, haben den Nährboden für die Entstehung und Ausbreitung des IS geschaffen. Die Destabilisierung der Region durch externe militärische Interventionen und interne Machtkämpfe hat dazu geführt, dass Extremisten leichter Anhänger rekrutieren konnten, die gegen wahrgenommene Ungerechtigkeiten kämpfen wollten.

Die Außenpolitik europäischer Länder, insbesondere deren Rolle in militärischen Interventionen im Nahen Osten, hat in bestimmten muslimischen Gemeinschaften in Europa Ressentiments geschürt. Diese politischen Entscheidungen werden von IS-Propagandisten oft als Beweis für eine westliche „Feindschaft“ gegen den Islam genutzt, was die Rekrutierungsbemühungen erleichtert.

Die Prävention von Radikalisierung erfordert einen ganzheitlichen Ansatz, der Bildung, soziale Integration und wirtschaftliche Chancen einschließt. Programme zur Förderung von sozialer Gerechtigkeit und zur Bekämpfung von Diskriminierung sind entscheidend, um die Anfälligkeit für radikale Ideologien zu verringern.

Deradikalisierungsprogramme zielen darauf ab, bereits radikalisierte Personen wieder in die Gesellschaft zu integrieren. Diese Programme beinhalten psychologische Betreuung, soziale Unterstützung und oft auch religiöse Rehabilitationsmaßnahmen, um die ideologischen Überzeugungen der betroffenen Personen zu hinterfragen und zu verändern.

Die Frage, wer zu IS-Terroristen in Europa wird, ist komplex und vielschichtig. Sie umfasst eine Mischung aus individuellen, sozialen, politischen und ideologischen Faktoren. Während junge Menschen, die sozial marginalisiert und auf der Suche nach einer Identität sind, besonders gefährdet scheinen, können auch Personen aus stabileren Verhältnissen radikalisiert werden. Die Bekämpfung der Radikalisierung erfordert daher einen umfassenden Ansatz, der sowohl präventive als auch rehabilitative Maßnahmen umfasst. Das Durchschnittalter von IS-Terroristen in Europa liegt bei 28 Jahren.

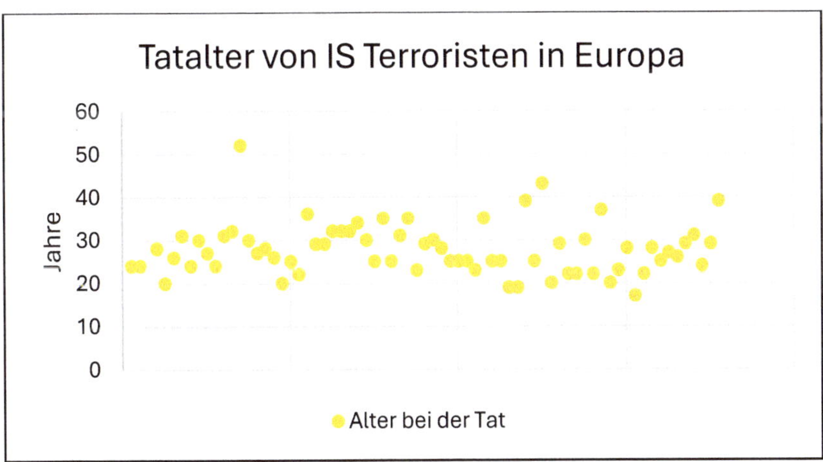

Studien zur Sterberate von IS-Terroristen in Europa zeigen, dass etwa 63 Prozent der Täter während ihrer Anschläge ums Leben kommen. Dieser hohe Wert lässt sich auf verschiedene Faktoren zurückführen. Ein zentrales Merkmal der Taktiken des "Islamischen Staates" (IS) ist die Bereitschaft der Täter, bei den Angriffen den Tod in Kauf zu nehmen, oft im Rahmen von Selbstmordattentaten oder durch Konfrontationen mit Sicherheitskräften. Diese Vorgehensweise steht in Einklang mit der ideologischen Ausrichtung des IS, die den Tod im Kampf als Märtyrertod glorifiziert.

Darüber hinaus trägt die rasche Reaktionsfähigkeit europäischer Sicherheitsbehörden dazu bei, dass viele Attentäter während der Anschläge getötet werden. Besonders in urbanen Gebieten mit hohem Sicherheitsaufkommen ist die Wahrscheinlichkeit groß, dass Terroristen durch gezielte Maßnahmen gestoppt werden, bevor sie weitergehenden Schaden anrichten können. Diese hohe Sterberate von IS-Terroristen verdeutlicht die gefährliche Dynamik moderner Terroranschläge und die Herausforderungen für die Sicherheitsbehörden in Europa.

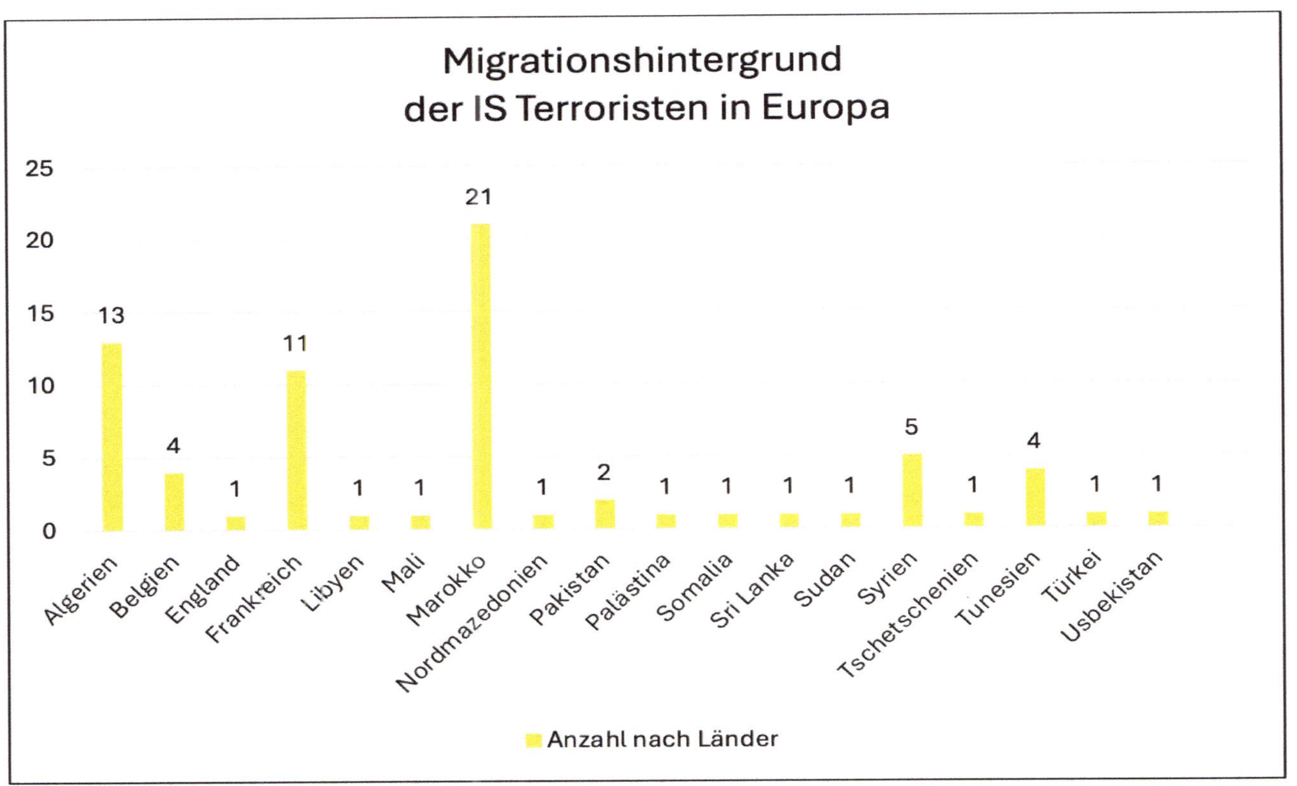
Migrationshintergrund
der IS Terroristen in Europa
25
20
15
10
5
0
13
4
1
11
1
1
21
1
2
1
1
1
1
5
1
4
1
1
Algerien
Belgien
England
Frankreich
Libyen
Mali
Marokko
Nordmazedonien
Pakistan
Palästina
Somalia
Sri Lanka
Sudan
Syrien
Tschetschenien
Tunesien
Türkei
Usbekistan
Anzahl nach Länder

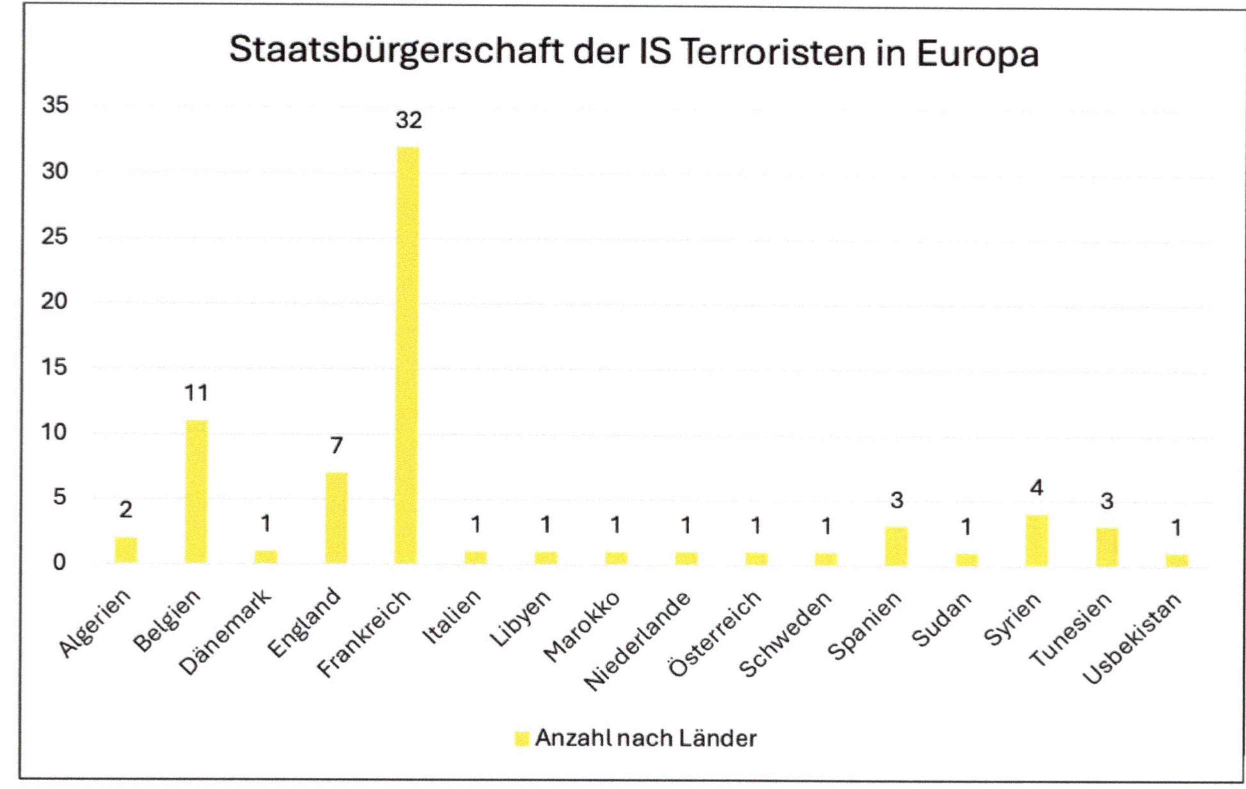
Staatsbürgerschaft der IS Terroristen in Europa
35
30
25
20
15
10
5
0
32
11
7
2
1
1
1
1
1
1
1
3
1
4
3
1
Algerien
Belgien
Dänemark
England
Frankreich
Italien
Libyen
Marokko
Niederlande
Österreich
Schweden
Spanien
Sudan
Syrien
Tunesien
Usbekistan
Anzahl nach Länder

BEDROHUNG DURCH DEN IS IN DER GEGENWART

Der Islamische Staat (IS) bleibt trotz seiner territorialen Verluste eine vielschichtige und ernsthafte Bedrohung für die globale Sicherheit. Die Anpassungsfähigkeit der Gruppe zeigt sich in ihrer Fähigkeit, ihre Taktiken und Strategien zu verändern und sich den neuen Gegebenheiten anzupassen.

Nach dem Verlust seiner territorialen Hochburgen in Syrien und im Irak hat der IS seine militärischen Strategien grundlegend geändert. Anstatt konventioneller Kriegsführung setzt die Organisation nun vermehrt auf asymmetrische Kriegsführung und Guerilla-Taktiken. In den von Konflikten zerrissenen Regionen Syriens und des Iraks führt der IS weiterhin gezielte Anschläge durch. Diese Angriffe richten sich häufig gegen Sicherheitskräfte, aber auch gegen Zivilisten, insbesondere gegen Minderheitengruppen, die in den Augen des IS als Feinde des Islam gelten.

Der IS ist in der Lage, komplexe und gut koordinierte Operationen durchzuführen, die von Hinterhalten auf Militärkonvois bis hin zu Selbstmordanschlägen in belebten urbanen Gebieten reichen. Diese Taktiken sollen das Vertrauen der Bevölkerung in die staatlichen Sicherheitskräfte untergraben und den Eindruck erwecken, dass der IS weiterhin eine bedeutende Macht darstellt. Darüber hinaus nutzt der IS unregierbare oder schlecht kontrollierte Gebiete, insbesondere in den ländlichen Regionen Syriens und des Iraks, als Rückzugsorte, um sich zu reorganisieren, neue Kämpfer zu rekrutieren und

Angriffe vorzubereiten. Die schwache Regierungsführung und die anhaltende Instabilität in diesen Regionen begünstigen die Fähigkeit des IS, als eine Art „Schattenstaat“ zu agieren und seine Präsenz aufrechtzuerhalten.

Der Einfluss des IS ist längst nicht mehr auf den Nahen Osten beschränkt. Die Organisation hat sich global verbreitet, indem sie Verbindungen zu regionalen Gruppen aufgebaut und Ableger in verschiedenen Teilen der Welt etabliert hat. Diese lokalen IS-Zellen, auch als „Provinzen“ bezeichnet, operieren weitgehend autonom, sind jedoch ideologisch und manchmal auch organisatorisch mit dem Hauptkern des IS verbunden.

In Afrika hat der IS durch seine lokalen Zweige, wie den Islamischen Staat in der westafrikanischen Provinz (ISWAP) und den Islamischen Staat in der Großsahara (ISGS), erheblichen Einfluss gewonnen. Diese Gruppen führen regelmäßig brutale Angriffe durch, die oft zu massiven zivilen Opfern führen und zur Destabilisierung ganzer Regionen beitragen. Im Sahel, einer Region, die bereits durch ethnische Spannungen und staatliche Schwäche gekennzeichnet ist, hat der IS ein Vakuum gefüllt, das durch das Versagen staatlicher Institutionen hinterlassen wurde.

In Afghanistan hat sich der Islamische Staat Khorasan-Provinz (ISIS-K) als eine der gefährlichsten Bedrohungen etabliert. Seit dem Abzug der US-Truppen und dem Machtantritt der Taliban hat ISIS-K seine Angriffe intensiviert, sowohl gegen Taliban-Kräfte als auch gegen die Zivilbevölkerung, insbesondere gegen religiöse und ethnische Minderheiten wie die Hazara.

Diese Angriffe zielen darauf ab, die Taliban-Regierung zu destabilisieren und die Region weiter zu polarisieren.

Darüber hinaus ist der IS in Südostasien, insbesondere auf den Philippinen und in Indonesien, sowie in Zentralasien aktiv. In all diesen Regionen verfolgt der IS eine Strategie der lokalen Anpassung, indem er bestehende Konflikte ausnutzt und lokale Missstände instrumentalisiert, um seinen Einfluss zu erweitern.

Der Islamische Staat hat sich als eine führende ideologische Kraft im globalen Jihadismus etabliert. Die ideologische Anziehungskraft des IS bleibt trotz seiner militärischen Niederlagen stark, insbesondere durch seine effektive Nutzung von Propaganda. Die IS-Propaganda ist gezielt darauf ausgerichtet, potenzielle Anhänger zu radikalisieren und zu inspirieren, sei es durch den Aufruf zum Hijra (Auswanderung in IS-kontrollierte Gebiete) oder durch die Förderung von „einsamen Wölfen“-Angriffen in ihren Heimatländern.

Die Propaganda des IS nutzt soziale Medien, verschlüsselte Kommunikationskanäle und das Dark Web, um ihre Botschaften zu verbreiten. Sie ist oft emotional aufgeladen und verwendet grausame Bilder und Videos, um Angst zu schüren und gleichzeitig eine heroische Erzählung der „Märtyrer“ des IS zu fördern. Diese Inhalte zielen darauf ab, Wut und Frustration zu mobilisieren und potenzielle Kämpfer dazu zu bringen, sich dem globalen Jihad anzuschließen oder eigenständige Terroranschläge durchzuführen. Die Herausforderung für Sicherheitsbehörden besteht darin, diese extremistischen

Inhalte zu überwachen und zu unterbinden, was angesichts der dezentralisierten Natur des Internets eine immense Aufgabe darstellt.

Ein besonders gefährlicher Aspekt dieser Radikalisierungsstrategie ist die Ermutigung zu „einsamen Wölfen“-Angriffen. Diese Angriffe, bei denen Einzelpersonen ohne direkte Anweisungen oder Unterstützung von IS-Zellen handeln, sind schwer vorherzusehen und zu verhindern. Beispiele dafür sind Anschläge wie derjenige in Nizza 2016, bei dem ein Einzeltäter mit einem Lkw in eine Menschenmenge fuhr und 86 Menschen tötete. Solche Anschläge erfordern keine komplexe Logistik und können mit minimalem Ressourcenaufwand verheerende Auswirkungen haben.

Eine weitere komplexe Bedrohung geht von ehemaligen IS-Kämpfern aus, die in ihre Heimatländer zurückkehren oder aus Gefangenschaft entlassen werden. Diese Rückkehrer, oft als „Foreign Fighters“ bezeichnet, stellen eine erhebliche Sicherheitsherausforderung dar, da viele von ihnen weiterhin radikalisiert sind und möglicherweise gewalttätige Anschläge planen. In einigen Fällen haben Rückkehrer versucht, neue Netzwerke aufzubauen oder bestehende Zellen zu unterstützen, indem sie ihre im Nahen Osten gesammelten Erfahrungen und Fähigkeiten weitergeben.

Viele dieser Kämpfer haben sich in den Kriegsgebieten stark radikalisiert und sind aufgrund ihrer Kampferfahrung und ihrer ideologischen Überzeugungen besonders gefährlich. Die Rückkehrerproblematik wird durch das Fehlen umfassender

Deradikalisierungsprogramme in vielen Herkunftsländern verschärft. In einigen Fällen gibt es auch rechtliche und politische Hürden, die eine strafrechtliche Verfolgung dieser Individuen erschweren, insbesondere wenn Beweise für ihre Aktivitäten in den IS-Gebieten fehlen.

Zusätzlich stellen die Verwaltung und Repatriierung von Familienangehörigen, insbesondere von Frauen und Kindern, die in IS-Gebieten gelebt haben, eine weitere Herausforderung dar. Diese Individuen sind oft traumatisiert und ideologisch beeinflusst, was ihre Integration in die Gesellschaft schwierig macht. Die Rückkehr dieser Familienangehörigen kann in den Herkunftsländern zu sozialen Spannungen führen und das Risiko der Entstehung neuer extremistischer Netzwerke erhöhen.

Der IS hat auch im digitalen Raum seine Aktivitäten ausgeweitet, was eine neue Dimension der Bedrohung darstellt. Die Gruppe nutzt das Internet nicht nur zur Verbreitung ihrer Ideologie, sondern auch zur Rekrutierung, Planung und Durchführung von Angriffen. Die digitale Infrastruktur bietet dem IS eine kostengünstige und effektive Möglichkeit, seine globalen Operationen zu koordinieren und seine Anhänger zu mobilisieren.

Ein wesentlicher Aspekt dieser digitalen Bedrohung ist die Nutzung von verschlüsselten Kommunikationsplattformen, die es dem IS ermöglichen, sich der Überwachung durch Sicherheitsbehörden zu entziehen. Über diese Kanäle koordiniert der IS Operationen, tauscht Informationen aus und verbreitet Anleitungen für die Herstellung von improvisierten Sprengsätzen und anderen Waffen. Diese Anleitungen sind oft detailliert und technisch versiert, was es selbst technisch unversierten Personen ermöglicht, gefährliche Anschläge zu planen und durchzuführen.

Darüber hinaus hat der IS versucht, Cyberangriffe auf kritische Infrastrukturen in westlichen Ländern durchzuführen. Diese Angriffe zielen darauf ab, erhebliche Störungen zu verursachen und das öffentliche Vertrauen in staatliche Institutionen und die Sicherheit der digitalen Welt zu untergraben. Während viele dieser Angriffe bisher gescheitert oder nur begrenzt erfolgreich waren, zeigt die anhaltende Bedrohung die Notwendigkeit einer verstärkten internationalen Zusammenarbeit im Bereich der Cybersicherheit.

DER ISLAMISCHE STAAT UND DIE ZUKUNFT DES GLOBALEN DSCHIHADISMUS

Der Islamische Staat hat trotz seines territorialen Zusammenbruchs im Jahr 2019 tiefe Spuren im globalen Sicherheitsdiskurs hinterlassen. Der Niedergang des Kalifats und der Tod von Führungsfiguren wie Abu Bakr al-Baghdadi und Abu Ibrahim al-Hashimi al-Qurashi haben den IS jedoch nicht vollständig ausgelöscht. Stattdessen hat sich der IS in eine flexiblere und dezentralere Organisation verwandelt, die neue Wege findet, ihre Ideologie und Gewalt zu verbreiten.

Der Islamische Staat nach dem Kalifat: Eine Dezentralisierung der Bedrohung

Nach dem Verlust seiner territorialen Basis hat sich der IS auf eine Strategie der Dezentralisierung verlegt. Diese Strategie erinnert stark an die Entwicklungen anderer dschihadistischer Organisationen wie al-Qaida nach dem 11. September 2001.

Der IS hat sich von einer territorialen Organisation in ein global agierendes Netzwerk verwandelt, das auf flexible und lose verbundene Zellen setzt. Während der IS im Irak und in Syrien militärisch stark geschwächt ist, bleibt er in der Lage, Anschläge und Guerilla-Aktionen durchzuführen. Besonders bemerkenswert ist die Fähigkeit des IS, regionale Ableger, sogenannte Wilayat, zu etablieren, die in verschiedenen Teilen der Welt operieren, darunter:

Westafrika (ISWAP): In Nigeria und der Sahelzone ist der IS weiterhin aktiv und nutzt die schwachen Staatsstrukturen, um Terrorakte zu verüben und Kontrolle über Territorien zu erlangen.

Afghanistan (IS-K): Der Islamische Staat in der Provinz Khorasan (IS-K) ist eine der gefährlichsten Ablegergruppen, die ihre Machtbasis nach dem Rückzug der US-Truppen aus Afghanistan im Jahr 2021 stärken konnte.

Zentralafrika: In Ländern wie der Demokratischen Republik Kongo und Mosambik hat der IS zunehmend Einfluss gewonnen, indem er lokale Konflikte und Instabilitäten ausnutzt.

Die Dezentralisierung macht es schwierig, den IS endgültig zu besiegen, da die Organisation auf mehreren Kontinenten aktiv ist und sich an unterschiedliche geopolitische Realitäten anpasst. Die ideologische Bindung an die Vision des Kalifats bleibt dabei bestehen, auch wenn die physische Verwirklichung des Kalifats derzeit außer Reichweite zu sein scheint.

In seinem post-kalifatischen Zustand setzt der IS auf eine klassische dschihadistische Taktik: den asymmetrischen Krieg. Anstatt große Territorien zu halten, konzentriert sich die Gruppe auf kleinere Angriffe, Guerillataktiken und Terroranschläge. Diese Strategie ist in vielen Teilen der Welt zu beobachten, insbesondere in Syrien und im Irak, wo der IS immer wieder kleine, aber tödliche Angriffe auf Sicherheitskräfte und Zivilisten verübt.

Diese Taktiken sind auch in Europa und anderen westlichen Ländern sichtbar geworden, wo die Rekrutierung von Einzeltätern (sogenannten "einsamen Wölfen") eine zentrale Rolle in der Strategie des IS spielt. Diese Einzeltäter sind oft nur lose mit der Organisation verbunden, aber durch ihre Ideologie motiviert. Sie nutzen einfache Mittel, wie Messerangriffe oder Fahrzeugattacken, um Angst zu verbreiten und die Vorstellung aufrechtzuerhalten, dass der IS auch außerhalb des Nahen Ostens aktiv ist.

Die Zukunft des globalen Dschihadismus: Neue Bedrohungen und Herausforderungen

Neben dem IS existieren zahlreiche dschihadistische Bewegungen, die in einem globalen Kontext operieren und von der Instabilität in bestimmten Regionen profitieren. Al-Qaida bleibt nach wie vor ein zentraler Akteur im dschihadistischen Spektrum und unterscheidet sich in der Strategie und Ausrichtung vom IS.

Ein Schlüsselfaktor für die Zukunft des globalen Dschihadismus ist der Wettbewerb zwischen dem IS und al-Qaida. Während beide Gruppen ähnliche ideologische Ziele verfolgen, nämlich die Errichtung eines islamischen Staates und den Kampf gegen den Westen, unterscheiden sie sich in ihrer Methodik und Taktik.

Al-Qaida hat sich seit dem Tod von Osama bin Laden stärker auf langfristige Ziele konzentriert und betont die Bedeutung der schrittweisen Eroberung von Territorien und der Bildung von Allianzen mit lokalen Gruppen. Diese Strategie zeigt sich beispielsweise in der Zusammenarbeit von al-Qaida mit lokalen Milizen in Ländern wie Jemen, Somalia und Mali.

Der IS hingegen setzt auf eine radikalere und unmittelbarere Herangehensweise, die durch extreme Brutalität und spektakuläre Gewaltakte geprägt ist. Der IS strebt nach sofortigen Ergebnissen, wie es in der Vergangenheit mit der Ausrufung des Kalifats der Fall war. Dies hat zu Spannungen zwischen den beiden Organisationen geführt, insbesondere in Regionen, in denen sie um Einfluss kämpfen.

Diese Rivalität könnte den globalen Dschihadismus weiter fragmentieren und dazu führen, dass beide Gruppen versuchen, durch spektakuläre Anschläge und Militäraktionen ihre Relevanz zu beweisen. Es ist denkbar, dass wir in den kommenden Jahren eine Zunahme von Anschlägen und regionalen Konflikten sehen werden, da jede Organisation um die Vormachtstellung im Dschihadismus kämpft.

Ein weiterer wichtiger Trend ist die Fragmentierung des globalen Dschihadismus. Während Organisationen wie der IS und al-Qaida global agieren, zeigen sich immer mehr regionale dschihadistische Bewegungen, die lokale Konflikte und politische Instabilitäten für ihre Zwecke nutzen. Die Sahelzone in Afrika, Afghanistan, Jemen und der Nahe Osten sind besonders anfällig für diese Form des regionalisierten Dschihadismus.

Diese Regionalisierung könnte den globalen Dschihadismus noch schwerer kontrollierbar machen, da er zunehmend in lokale Konflikte eingebettet wird. Die Gefahr besteht darin, dass regionale Akteure dschihadistische Ideologien übernehmen und verstärken, was zu einer Verstetigung der Gewalt und Destabilisierung ganzer Regionen führen könnte.

Ideologische und technologische Anpassungsfähigkeit des IS und des globalen Dschihadismus

Eine zentrale Stärke des IS und anderer dschihadistischer Gruppen ist ihre Fähigkeit, ihre Ideologie an veränderte geopolitische und soziale Bedingungen anzupassen. Die dschihadistische Ideologie entwickelt sich ständig weiter, indem sie auf politische, soziale und ökonomische Probleme reagiert, die insbesondere in der muslimischen Welt auftreten. Der IS und al-Qaida nutzen Missstände wie Korruption, wirtschaftliche Ungleichheit und das Versagen des Staates, um ihre Ideologie als Lösung anzubieten.

Ein Beispiel hierfür ist die Ausnutzung der Unsicherheit nach dem arabischen Frühling. Der IS konnte insbesondere in Syrien und dem Irak Fuß fassen, da die politischen Systeme in beiden Ländern zusammengebrochen waren. Diese Fähigkeit, auf gesellschaftliche Krisen zu reagieren, bleibt ein entscheidender Faktor für das langfristige Überleben dschihadistischer Gruppen.

Der IS hat bewiesen, dass er ein Meister der technologischen Anpassung ist. Die Nutzung sozialer Medien und moderner Kommunikationsplattformen für die Propaganda, Rekrutierung und Koordination von Anschlägen ist ein zentrales Element der Strategie des IS. Zukünftige technologische Innovationen könnten neue Bedrohungen schaffen:

Cyber-Terrorismus: Der IS könnte seine Aktivitäten in den Cyberraum ausdehnen, indem er Cyberangriffe auf kritische Infrastrukturen in westlichen Ländern plant. Bisher gibt es dafür nur wenige konkrete Anzeichen, aber die Möglichkeit bleibt bestehen, da dschihadistische Gruppen zunehmend technisches Wissen erwerben.

Drohnen und autonome Waffen: Eine weitere potenzielle Bedrohung ist der Einsatz von Drohnen und autonomen Waffensystemen. Der IS hat in der Vergangenheit Drohnen für Überwachungs- und Angriffsmissionen eingesetzt, und es ist denkbar, dass diese Technologie in Zukunft weiterentwickelt wird, um größere Schäden anzurichten.

Die zunehmende Verfügbarkeit und das sinkende technische Wissen, das für den Einsatz solcher Technologien erforderlich ist, könnten den IS und andere Gruppen in die Lage versetzen, noch gefährlichere und unvorhersehbare Angriffe durchzuführen.

Die Zukunft des Islamischen Staates und des globalen Dschihadismus bleibt eine der größten Herausforderungen für die internationale Sicherheit. Während der IS territorial besiegt wurde, bleibt seine Ideologie lebendig, und seine Fähigkeit, sich an neue Gegebenheiten anzupassen, macht ihn weiterhin gefährlich. Der globale Dschihadismus wird zunehmend fragmentiert und regionalisiert, wobei der Wettbewerb zwischen dem IS und al-Qaida sowie die Nutzung neuer Technologien zentrale Rollen spielen werden.

Die Resilienz dieser Bewegungen, ihre Fähigkeit, lokale Konflikte zu nutzen, und ihre technologische Anpassungsfähigkeit machen es schwierig, den globalen Dschihadismus vollständig auszurotten. Die internationale Gemeinschaft wird in den kommenden Jahren weiterhin mit einer sich verändernden und dynamischen Bedrohung konfrontiert sein, die sich ständig weiterentwickelt und neue Formen annimmt.

DERADIKALISIERUNG: PRÄVENTION UND INTERVENTION

Deradikalisierung und Prävention gegen die Radikalisierung durch den Islamischen Staat (IS) sind zentrale Anliegen im Kampf gegen den globalen Terrorismus. Angesichts der Bedrohung, die von dschihadistisch-salafistischen Gruppen wie dem IS ausgeht, sind Strategien zur Verhinderung der Radikalisierung und zur Reintegration von radikalisierten Individuen in die Gesellschaft von entscheidender Bedeutung. Diese Strategien umfassen eine breite Palette von Maßnahmen, die von präventiven Ansätzen bis hin zu gezielten Interventionen reichen. In diesem Kontext spielen Deradikalisierungsprogramme eine entscheidende Rolle.

Radikalisierung ist ein Prozess, bei dem Individuen oder Gruppen extreme politische, religiöse oder ideologische Ansichten annehmen, die sie zu gewalttätigem Verhalten veranlassen können. Im Fall des IS führt die Radikalisierung häufig zur Unterstützung oder Teilnahme an terroristischen Aktivitäten, die darauf abzielen, ein Kalifat durch Gewalt und Terror zu errichten.

Anfängliche Empfänglichkeit: Individuen werden empfänglich für extremistische Ideologien aufgrund von persönlichen, politischen oder sozialen Unzufriedenheiten.
Indoktrination: In dieser Phase übernehmen sie die extremistischen Ideologien und beginnen, diese als Lösung für ihre Probleme zu betrachten.
Mobilisierung: Dies führt schließlich zur aktiven Unterstützung oder Teilnahme an extremistischen oder terroristischen Aktivitäten.

Prävention zielt darauf ab, den Radikalisierungsprozess im Keim zu ersticken, bevor er zu gewalttätigem Extremismus führt. Präventive Maßnahmen sind in der Regel breit angelegt und richten sich an gefährdete Gemeinschaften, insbesondere Jugendliche. Hierzu zählen:

Bildung und Aufklärung: Bildung ist ein zentrales Instrument zur Prävention von Radikalisierung. Programme, die kritisches Denken, interkulturelle Kompetenz und Kenntnisse über religiöse und politische Themen fördern, können helfen, Jugendliche vor extremistischen Ideologien zu schützen. Aufklärungskampagnen, die über die Gefahren von Extremismus und die Methoden der Rekrutierung durch Terrororganisationen informieren, sind ebenfalls wichtig.

Stärkung der sozialen Integration: Viele Menschen radikalisieren sich aufgrund von sozialer Isolation, Diskriminierung oder dem Gefühl, nicht zur Gesellschaft zu gehören. Die Förderung von sozialer Integration durch Gemeinschaftsprogramme, Unterstützung bei der Arbeitssuche und psychologische Betreuung kann dazu beitragen, diese Ursachen zu bekämpfen.

Online-Prävention: Da der IS und andere Terrororganisationen das Internet und soziale Medien intensiv nutzen, um ihre Ideologien zu verbreiten und neue Mitglieder zu rekrutieren, ist die Online-Prävention von entscheidender Bedeutung. Initiativen zur Überwachung und Bekämpfung extremistischer Inhalte im Internet sowie die Förderung alternativer Narrative sind wesentliche Bestandteile dieser Strategie.

Deradikalisierung: Intervention bei radikalisierten Individuen Deradikalisierungsprogramme richten sich an Personen, die bereits radikalisiert sind oder sich in den frühen Stadien der Radikalisierung befinden. Diese Programme haben das Ziel, die extremistischen Überzeugungen der Betroffenen zu dekonstruieren und ihnen Wege zu einer friedlichen und produktiven Wiedereingliederung in die Gesellschaft aufzuzeigen.

Psychologische und religiöse Beratung: Viele Deradikalisierungsprogramme setzen auf die Kombination von psychologischer Unterstützung und religiöser Aufklärung. Psychologen arbeiten daran, tief verwurzelte Überzeugungen und Traumata zu behandeln, während religiöse Berater dabei helfen, die

Fehlinterpretationen religiöser Texte, die zur Radikalisierung geführt haben, zu korrigieren.

Bildungs- und Arbeitsprogramme: Die Wiedereingliederung in die Gesellschaft erfordert oft praktische Unterstützung. Bildungsprogramme, die den Betroffenen neue Fähigkeiten vermitteln, und Programme zur Unterstützung bei der Arbeitssuche sind wichtige Elemente der Deradikalisierung. Diese Programme zielen darauf ab, den Betroffenen positive Zukunftsaussichten zu bieten.

Familien- und Gemeinschaftsunterstützung: Die Einbindung von Familien und Gemeinschaften in den Deradikalisierungsprozess ist entscheidend. Familienmitglieder können eine wichtige Rolle spielen, indem sie emotionale Unterstützung bieten und den Betroffenen helfen, sich von extremistischen Netzwerken zu lösen. Gemeinschaftsprogramme, die auf die Wiedereingliederung der Betroffenen abzielen, können ebenfalls dazu beitragen, Rückfälle in extremistische Verhaltensweisen zu verhindern.

Trotz der Bedeutung von Deradikalisierungs- und Präventionsprogrammen gibt es zahlreiche Herausforderungen. Eine der größten Herausforderungen besteht darin, dass Radikalisierung ein komplexer und individuell variierender Prozess ist. Es gibt keine universelle Lösung, die für alle radikalisierten Personen oder Gemeinschaften gleichermaßen funktioniert. Darüber hinaus ist es oft schwierig, den Erfolg von

Deradikalisierungsprogrammen zu messen, da Rückfälle in extremistisches Verhalten nicht immer sofort offensichtlich sind.

Ein weiteres Problem ist die Ressourcenknappheit. Viele Länder verfügen nicht über ausreichende Mittel, um umfassende Präventions- und Deradikalisierungsprogramme durchzuführen. Dies ist insbesondere in Ländern der Fall, die bereits von Konflikten und Instabilität betroffen sind, und in denen radikale Gruppen wie der IS operieren.

Es gibt einige Länder, die erfolgreiche Deradikalisierungsprogramme entwickelt haben. Ein Beispiel ist das Saudi-Arabische Deradikalisierungsprogramm, das seit 2004 aktiv ist. Es kombiniert religiöse Beratung, psychologische Betreuung, Bildung und soziale Unterstützung. Das Programm hat es geschafft, eine beträchtliche Anzahl von ehemaligen Extremisten zu rehabilitieren und wieder in die Gesellschaft zu integrieren.

Ein weiteres Beispiel ist das indonesische Deradikalisierungsprogramm, das sich auf die Wiedereingliederung von ehemaligen Terroristen konzentriert. Es umfasst religiöse Umerziehung, wirtschaftliche Unterstützung und den Einsatz von ehemaligen Terroristen als Sprecher, um gegen Extremismus zu kämpfen.

Angesichts der fortwährenden Bedrohung durch den IS und andere extremistische Gruppen bleibt die Weiterentwicklung und Anpassung von Präventions- und Deradikalisierungsstrategien eine dringende Notwendigkeit. Insbesondere die Entwicklung von maßgeschneiderten Programmen, die lokale kulturelle und soziale Gegebenheiten berücksichtigen, sowie die verstärkte internationale Zusammenarbeit sind entscheidend, um diesen Herausforderungen zu begegnen.

Darüber hinaus wird die Rolle der Technologie in der Prävention und Deradikalisierung zunehmend an Bedeutung gewinnen. Künstliche Intelligenz und Big Data könnten in Zukunft dazu beitragen, gefährdete Personen frühzeitig zu identifizieren und gezielte Interventionen zu ermöglichen.

Deradikalisierung und Prävention gegen die Radikalisierung durch den IS sind komplexe und vielschichtige Aufgaben, die einen umfassenden Ansatz erfordern. Präventive Maßnahmen müssen auf die Ursachen der Radikalisierung abzielen, während Deradikalisierungsprogramme individuell angepasst sein müssen, um nachhaltig erfolgreich zu sein. Trotz der Herausforderungen, die mit diesen Bemühungen verbunden sind, bieten sie eine der besten Chancen, um die Ausbreitung des gewalttätigen Extremismus einzudämmen und eine friedlichere Zukunft zu gestalten.

MEDIALE BERICHTERSTATTUNG ÜBER TERRORANSCHLÄGE

Terroranschläge sind grausame Ereignisse, die nicht nur großes Leid verursachen, sondern auch tiefgreifende gesellschaftliche Auswirkungen haben. Neben dem unmittelbaren physischen Schaden und den psychologischen Traumata, die sie hervorrufen, stellen sie auch eine Herausforderung für die Medien dar, die über diese Vorfälle berichten müssen. In der modernen, global vernetzten Welt sind Terroristen oft auf die mediale Berichterstattung angewiesen, um ihre Botschaften zu verbreiten und ihre Ziele zu erreichen. Daher ist die Art und Weise, wie Medien über Terroranschläge und ihre Täter berichten, von entscheidender Bedeutung.

Ein zentraler Diskussionspunkt in der Medienethik und der Terrorismusforschung ist die Frage, ob und inwiefern die Berichterstattung über Terroristen potenziell andere dazu motivieren kann, ähnliche Taten zu begehen. Besonders umstritten ist die Veröffentlichung von Bildern, Namen und biografischen Informationen der Täter. Die Hypothese, dass dies zur Nachahmung anregen könnte, hat in den letzten Jahren durch wissenschaftliche Studien an Gewicht gewonnen.

Terrorismus ist per Definition eine Kommunikationsstrategie. Terroristen setzen auf Gewalt, um Angst zu verbreiten, und die mediale Berichterstattung fungiert dabei als Multiplikator. Der Terrorismusforscher Alex Schmid beschreibt dies als

„propaganda by the deed". Terroranschläge zielen darauf ab, Aufmerksamkeit zu erregen, und diese Aufmerksamkeit wird maßgeblich durch die Medien verstärkt. Die Medien spielen dabei die Rolle eines Katalysators, indem sie das Publikum über das Ereignis informieren und es interpretieren. Laut Schmid kann der Terrorismus ohne die mediale Berichterstattung nicht die gleiche Wirkung entfalten, da der Anschlag selbst auf eine vergleichsweise kleine Gruppe abzielt, während die Berichterstattung das Ereignis einem globalen Publikum zugänglich macht.

Eine Untersuchung von Paul Gill und John Horgan aus dem Jahr 2014 zeigt, dass Medieninhalte in vielen Fällen eine Rolle bei der Radikalisierung und Mobilisierung von Einzelpersonen gespielt haben. Insbesondere bei „einsamen Wölfen" – Einzeltätern, die ohne direkte Unterstützung einer Organisation handeln – können Medienberichte über frühere Anschläge als Inspiration dienen. Terroristen wie Anders Breivik, der Massenmörder von Utøya, und der Attentäter von Christchurch 2019 haben in ihren Manifesten und öffentlichen Äußerungen explizit frühere Terroranschläge als Inspirationsquelle genannt. Solche Täter streben oft danach, ihre „Vorbilder" zu übertreffen und ihre Taten medial noch wirksamer zu inszenieren.

Der sogenannte „Copycat-Effekt" beschreibt das Phänomen, dass das Bekanntwerden eines Verbrechens andere potenzielle Täter inspiriert, ähnliche Taten zu begehen. In den letzten Jahren haben zahlreiche Studien Belege dafür geliefert, dass dieser Effekt auch bei Terroranschlägen eine Rolle spielt. Eine umfassende Analyse von Amokläufen und Terroranschlägen durch die Forscher Sherry Towers und Andres Gomez-Lievano ergab, dass nach einem großen Angriff die Wahrscheinlichkeit eines weiteren ähnlichen Angriffs für eine bestimmte Zeitspanne signifikant erhöht ist. Besonders auffällig war, dass die Medienberichterstattung dabei eine katalytische Rolle spielte.

Die Forscher untersuchten Daten von Massenerschießungen in den USA zwischen 2006 und 2011 und stellten fest, dass auf einen Vorfall innerhalb von 13 Tagen ein weiterer folgte, wenn die mediale Berichterstattung besonders intensiv war. Diese „Clusterbildung“ von Gewaltverbrechen zeigt, dass Täter durch die öffentliche Darstellung solcher Taten motiviert werden könnten. Ähnliche Muster sind auch bei Terroranschlägen zu beobachten, insbesondere wenn die Täter explizit nach Aufmerksamkeit streben, wie es bei islamistischen und rechtsextremistischen Tätern oft der Fall ist.

Die mediale Fokussierung auf Täter – insbesondere durch die Verbreitung von Fotos, Videos und biografischen Details – hat nachweislich Auswirkungen auf die Wahrnehmung der Täter und die Nachahmungspotenziale. Die Psychologin Jennifer Johnston von der Western New Mexico University hat eine Theorie entwickelt, die als „Media Contagion Theory“ bekannt ist. Sie argumentiert, dass die extensive Berichterstattung über Täter, die mit Bildern und Namen operiert, zur „Verherrlichung“ dieser Täter führen kann. Potenzielle Nachahmungstäter sehen, dass durch einen Terroranschlag oder Amoklauf eine immense mediale Aufmerksamkeit generiert werden kann. Dies kann als Anreiz dienen, selbst ähnliche Taten zu begehen, um ebenfalls im öffentlichen Diskurs präsent zu sein.

Besonders problematisch ist dies bei Einzelgängern oder ideologisch motivierten Tätern, die bereits ein Bedürfnis nach Anerkennung und Aufmerksamkeit haben. Der Attentäter von Christchurch im Jahr 2019 streamte seine Tat live im Internet und nutzte soziale Medien, um seine Ideologie zu verbreiten. Durch die anschließende weltweite Berichterstattung wurde seine Tat millionenfach repliziert und verstärkt. In solchen Fällen kann die Berichterstattung dazu beitragen, dass die Täter ihre Ziele erreichen, was wiederum andere zu ähnlichen Taten inspirieren könnte.

Angesichts der potenziellen Auswirkungen der Berichterstattung über Terroranschläge stellt sich die Frage, wie Medien ethisch verantwortlich handeln können. Die Herausforderung besteht darin, ein Gleichgewicht zwischen dem öffentlichen Informationsbedürfnis und der Vermeidung einer möglichen Täterglorifizierung zu finden. Experten und Medienethiker haben mehrere Richtlinien entwickelt, die als Leitfaden dienen könnten:

Reduktion der Fokussierung auf Täter: Viele Experten plädieren dafür, die Aufmerksamkeit von den Tätern wegzulenken und stattdessen die Geschichten der Opfer in den Vordergrund zu stellen. Ein solcher Ansatz könnte dazu beitragen, dass Täter nicht als „Stars“ der Berichterstattung wahrgenommen werden, sondern als Kriminelle, deren Handlungen verurteilt werden müssen. Dies könnte auch dazu beitragen, die psychologischen Auswirkungen auf die Angehörigen der Opfer zu minimieren, die oft das Gefühl haben, dass den Tätern zu viel Aufmerksamkeit geschenkt wird.

Verzicht auf die Veröffentlichung von Täterbildern: Eine der wirksamsten Maßnahmen zur Verringerung des Nachahmungspotenzials könnte der Verzicht auf die Veröffentlichung von Bildern und Namen der Täter sein. Eine Studie aus dem Jahr 2018 von Adam Lankford und Eric Madfis deutet darauf hin, dass Täter, die keine visuelle und namentliche Bekanntheit erlangen, weniger oft nachgeahmt werden. Dies könnte besonders bei „einsamen Wölfen“ von Bedeutung sein, die oft nach einer Art von Berühmtheit streben.

Begrenzung detaillierter Informationen über die Tat: Es sollte vermieden werden, detaillierte Beschreibungen der Taten und der Taktiken der Täter zu veröffentlichen. Dies könnte potenziellen Nachahmungstätern als „Anleitung“ dienen. Eine zurückhaltendere Berichterstattung, die sich auf das Wesentliche beschränkt und auf reißerische Details verzichtet, könnte das Risiko einer Nachahmung verringern.

Betonung von Prävention und Resilienz: Anstatt nur über den Anschlag selbst zu berichten, sollten Medien auch über Maßnahmen zur Prävention und den Wiederaufbau nach solchen Ereignissen berichten. Dies kann das Gefühl der

Ohnmacht und Angst in der Gesellschaft verringern und die Resilienz stärken. Die Fokussierung auf positive Aspekte der Erholung und des Zusammenhalts nach einem Terroranschlag könnte helfen, die narrative Kontrolle zurückzugewinnen und die Täter aus dem Mittelpunkt zu rücken.

Rechtliche Rahmenbedingungen und freiwillige Medienrichtlinien

Einige Länder haben auf die Problematik der Täterdarstellung reagiert und gesetzliche Maßnahmen oder freiwillige Richtlinien für die Medien eingeführt. Frankreich hat nach den Terroranschlägen von 2015 bestimmte Maßnahmen ergriffen, um die Verbreitung extremistischer Inhalte zu verhindern und den Zugang zu radikalen Ideologien zu erschweren. Auch in Deutschland und den USA gibt es Initiativen, die sich mit der ethischen Berichterstattung über Terrorismus befassen.

In Kanada ging die Polizei nach einem Angriff 2018 so weit, den Namen des Täters bewusst zurückzuhalten, um keine Bühne für dessen Ideologie zu bieten. In ähnlicher Weise haben einige Medienhäuser freiwillige Richtlinien entwickelt, die den Umgang mit Bildern und Namen von Tätern regeln. Der deutsche Presserat hat beispielsweise Leitlinien formuliert, die Journalisten ermutigen, die Nennung von Täternamen sorgfältig abzuwägen und den Opfern den Vorzug zu geben.

Die mediale Berichterstattung über Terroranschläge steht vor einer schwierigen Herausforderung. Einerseits besteht das berechtigte öffentliche Interesse an Informationen über solche Ereignisse, andererseits birgt die Art der Berichterstattung das Risiko, Terroristen ungewollt eine Plattform zu bieten. Die Forschung zeigt deutlich, dass eine intensive Berichterstattung über Täter das Potenzial hat, andere zu inspirieren, ähnliche Taten zu begehen. Dies gilt insbesondere dann, wenn Täterbilder und biografische Details prominent verbreitet werden.

Eine Lösung könnte darin bestehen, die Fokussierung auf Täter zu reduzieren und stattdessen die Geschichten der Opfer, die Präventionsmaßnahmen und die gesellschaftliche Resilienz in den Vordergrund zu stellen. Medien müssen ihrer Verantwortung gerecht werden, die Öffentlichkeit zu informieren, ohne dabei zur Verherrlichung von Gewalt und Terrorismus beizutragen. Freiwillige Richtlinien und gesetzliche Maßnahmen können dabei helfen, einen verantwortungsvollen Umgang mit diesem sensiblen Thema zu gewährleisten und das Risiko von Nachahmungstätern zu minimieren.

DER UMGANG MIT RÜCKKEHRERN: HERAUSFORDERUNGEN FÜR WESTLICHE STAATEN

Der Umgang mit Rückkehrern vom Islamischen Staat stellt westliche Staaten vor erhebliche rechtliche, sicherheitspolitische und gesellschaftliche Herausforderungen. Diese Personen, die in Konfliktgebiete reisten, um sich einer terroristischen Organisation anzuschließen, kehren nun in ihre Heimatländer zurück oder streben die Rückkehr an. Die Komplexität des Problems resultiert aus einer Vielzahl von Faktoren: der rechtlichen Einstufung der Rückkehrer, den Sicherheitsbedenken, den Deradikalisierungsmaßnahmen und den gesellschaftlichen Implikationen.

Diejenigen, die in den letzten Jahren nach Syrien und den Irak gereist sind, um sich dem IS anzuschließen, kamen aus verschiedenen westlichen Staaten und repräsentieren ein breites Spektrum an demografischen Merkmalen. Es handelt sich um Männer und Frauen unterschiedlicher Altersgruppen, sozioökonomischer Hintergründe und Bildungsniveaus. Viele dieser Personen waren bereits vor ihrer Abreise radikalisiert, während andere durch Propaganda und Rekrutierungstaktiken des IS verführt wurden. Zu den Rückkehrern zählen sowohl Kämpfer als auch Nicht-Kombattanten wie Ehepartner und Kinder.

Die Rollen, die Rückkehrer im IS-Kalifat gespielt haben, variieren stark. Während einige als Kämpfer direkt an

Gewaltverbrechen beteiligt waren, arbeiteten andere in administrativen, logistischen oder propagandistischen Positionen. Frauen, die dem IS beitraten, waren oft gezwungen, traditionelle Geschlechterrollen anzunehmen, wobei viele zwangsverheiratet wurden oder Kinder unter widrigen Bedingungen zur Welt brachten. Die Erfahrungen der Rückkehrer in den Konfliktgebieten sind geprägt von Gewalt, Trauma und, in vielen Fällen, Desillusionierung gegenüber der Ideologie des IS.

Die strafrechtliche Verfolgung von IS-Rückkehrern stellt westliche Staaten vor erhebliche rechtliche Herausforderungen. Der Nachweis, dass eine Person sich dem IS angeschlossen hat oder an Verbrechen beteiligt war, erfordert umfangreiche Beweise, die oft schwer zu beschaffen sind. In vielen Fällen fehlen konkrete Beweise, da die Taten in einem Kriegsgebiet ohne rechtsstaatliche Strukturen verübt wurden. Videos, Fotos oder Zeugenaussagen können schwer überprüfbar oder unzureichend sein, um in einem Gericht Bestand zu haben.

Einige westliche Staaten haben versucht, Rückkehrer durch den Entzug ihrer Staatsbürgerschaft daran zu hindern, in ihr Heimatland zurückzukehren. Dies ist jedoch rechtlich umstritten, insbesondere im Hinblick auf das Völkerrecht, das Staaten verbietet, Menschen staatenlos zu machen. Der Entzug der Staatsbürgerschaft wird oft als letztes Mittel betrachtet und stößt sowohl auf nationaler als auch internationaler Ebene auf Kritik, da es die Verantwortung des Staates für seine Bürger infrage stellt und rechtliche Unsicherheiten schafft.

Besondere rechtliche Herausforderungen bestehen im Umgang mit den Kindern von IS-Kämpfern, die in den Konfliktgebieten geboren oder dorthin mitgebracht wurden. Diese Kinder sind oft staatenlos und tragen die Bürde der Taten ihrer Eltern. Ihre Rückkehr und Integration in die westlichen Gesellschaften werfen Fragen des Kindeswohls, der Staatsbürgerschaft und der möglichen Radikalisierung auf. Gleichzeitig besteht die ethische Verpflichtung, diese Kinder zu schützen und ihnen ein Leben in Sicherheit und Würde zu ermöglichen.

Ein zentrales sicherheitspolitisches Anliegen ist das Risiko, dass Rückkehrer eine Bedrohung für die innere Sicherheit darstellen könnten. Einige Rückkehrer könnten weiterhin radikalisiert sein und potenziell Terroranschläge in ihren Heimatländern planen oder durchführen. Darüber hinaus besteht die Gefahr, dass Rückkehrer in Gefängnissen oder innerhalb ihrer Gemeinschaften als Rekrutierer für extremistische Netzwerke fungieren und somit die Radikalisierung weiterverbreiten.

Die Überwachung von Rückkehrern erfordert erhebliche Ressourcen von Sicherheitsbehörden und Geheimdiensten. In vielen westlichen Staaten ist die Überwachung von potenziell gefährlichen Individuen ein wesentlicher Bestandteil der nationalen Sicherheitsstrategie. Doch selbst bei intensiver Überwachung bleibt das Risiko bestehen, dass einige Rückkehrer unbemerkt terroristische Aktivitäten planen oder durchführen könnten. Die Balance zwischen Sicherheit und den Rechten der Betroffenen stellt die Behörden vor ständige Herausforderungen.

Eine effektive Deradikalisierung und Reintegration von Rückkehrern ist entscheidend, um das Risiko erneuter Radikalisierung zu minimieren. Westliche Staaten haben unterschiedliche Ansätze entwickelt, um Rückkehrer in die Gesellschaft zu reintegrieren, wobei der Schwerpunkt auf psychologischer Betreuung, sozialer Unterstützung und der Vermittlung von alternativen Ideologien liegt. Diese Programme stehen jedoch oft vor der Herausforderung, ausreichend wirksam zu sein, und es bleibt unklar, wie erfolgreich sie langfristig sind. Zudem gibt es Debatten darüber, wie Ressourcen für Deradikalisierungsprogramme am besten eingesetzt werden sollten und welche Zielgruppen am dringendsten Unterstützung benötigen.

Der Umgang mit Rückkehrern ist ein heikles Thema, das in der Öffentlichkeit oft kontrovers diskutiert wird. Viele Bürger haben Vorbehalte oder Ängste gegenüber der Rückkehr von Personen, die sich dem IS angeschlossen haben. Diese Skepsis erschwert die Reintegration von Rückkehrern, da gesellschaftliche Vorurteile und Stigmatisierungen deren Rückkehr in ein normales Leben behindern können. Die Medien spielen eine wichtige Rolle in der Meinungsbildung und können sowohl positive als auch negative Narrative über Rückkehrer verbreiten.

Viele Rückkehrer, insbesondere Frauen und Kinder, leiden unter erheblichen psychologischen Traumata aufgrund ihrer Erlebnisse in den Konfliktgebieten. Die Bereitstellung adäquater psychologischer Betreuung und Unterstützung ist entscheidend, um diesen Menschen zu helfen, ihre Erlebnisse zu verarbeiten und ein stabiles Leben zu führen. Gleichzeitig sind die betroffenen Gemeinden und sozialen Dienste oft nicht ausreichend auf die besonderen Bedürfnisse dieser Gruppe vorbereitet, was zu Lücken in der Betreuung führen kann.

Die erfolgreiche Integration von Rückkehrern in Bildungseinrichtungen und den Arbeitsmarkt ist ein entscheidender Faktor für ihre langfristige Resozialisierung. Dies stellt jedoch eine erhebliche Herausforderung dar, da viele Rückkehrer aufgrund ihrer Erfahrungen im IS und der damit verbundenen Stigmatisierung Schwierigkeiten haben, Arbeit oder Ausbildung zu finden. Bildungs- und Arbeitsmarktprogramme, die speziell auf die Bedürfnisse von Rückkehrern zugeschnitten sind, können dazu beitragen, diese Hürden zu überwinden.

Die Bewältigung der Herausforderungen im Umgang mit IS-Rückkehrern erfordert eine enge internationale Zusammenarbeit. Der Austausch von Informationen zwischen den Sicherheitsdiensten verschiedener Staaten ist entscheidend, um die Bewegungen von Rückkehrern zu überwachen und mögliche Bedrohungen frühzeitig zu erkennen. Gleichzeitig müssen westliche Staaten gemeinsame Strategien entwickeln, um ein koordiniertes Vorgehen sicherzustellen und die Effektivität von Präventions- und Deradikalisierungsprogrammen zu maximieren.

Die Zusammenarbeit mit den Herkunfts- und Transitländern von IS-Kämpfern ist ebenfalls von zentraler Bedeutung. Viele Rückkehrer stammen ursprünglich aus Ländern des Nahen Ostens oder Nordafrikas oder haben diese Länder auf dem Weg zu den Konfliktgebieten durchquert. Eine effektive Rückführung und Integration erforderten die Kooperation mit diesen Staaten, um sicherzustellen, dass Rückkehrer nicht unbemerkt in ihre Heimatländer gelangen und dort erneut eine Bedrohung darstellen können.

Langfristig ist die Prävention von Radikalisierung und die Förderung von Deradikalisierung im globalen Kontext unerlässlich, um die Rückkehr von extremistischen Kämpfern zu verhindern. Dies erfordert sowohl lokale Initiativen in den betroffenen Ländern als auch globale Bemühungen, um die zugrunde liegenden Ursachen von Radikalisierung – wie Armut, Marginalisierung und ideologische Indoktrination – anzugehen. Bildung, soziale Integration und die Förderung von Toleranz und interkulturellem Dialog spielen dabei eine Schlüsselrolle.

Der Umgang mit Rückkehrern vom IS stellt westliche Staaten vor eine Vielzahl komplexer Herausforderungen, die rechtliche, sicherheitspolitische und gesellschaftliche Aspekte umfassen. Während die Bedrohung durch radikalisierte Rückkehrer real ist, müssen Staaten auch die rechtlichen und ethischen Implikationen ihres Handelns sorgfältig abwägen. Die Deradikalisierung und Reintegration dieser Personen ist entscheidend, um langfristige Sicherheit zu gewährleisten und gleichzeitig die Grundsätze der Rechtsstaatlichkeit und Menschenrechte zu wahren. Internationale Zusammenarbeit und ein umfassender Ansatz, der sowohl präventive als auch reaktive Maßnahmen umfasst, sind unerlässlich, um diese Herausforderungen effektiv zu bewältigen und eine nachhaltige Lösung für das Problem der IS-Rückkehrer zu finden.

LEHREN AUS DEM AUFSTIEG UND FALL DES IS FÜR ZUKÜNFTIGE ANTI-TERROR-STRATEGIEN

Der Islamische Staat hat in der jüngeren Geschichte als eine der gefährlichsten und einflussreichsten terroristischen Organisationen auf globaler Ebene eine Schlüsselrolle gespielt. Durch seine brutalen Methoden, effektive Propaganda und die Fähigkeit, Anhänger weltweit zu mobilisieren, stellte der IS nicht nur eine militärische, sondern auch eine ideologische Herausforderung dar. Das Verständnis der Mechanismen, die den IS so gefährlich gemacht haben, ist entscheidend, um zukünftige Anti-Terror-Strategien zu entwickeln, die islamistische Anschläge effektiv verhindern können.

Ideologische Radikalisierung und Präventivmaßnahmen

Die ideologische Radikalisierung ist ein zentrales Element des IS, das es ihm ermöglichte, über geografische Grenzen hinweg Anhänger zu gewinnen. Die Propaganda des IS zielte darauf ab, junge Menschen zu radikalisieren, indem sie ein verzerrtes

Bild des Islam und der Weltpolitik präsentierte, dass Gewalt und Terrorismus als legitime Mittel zur Verwirklichung politischer und religiöser Ziele rechtfertigen.

Radikalisierung erfolgt nicht über Nacht, sondern ist ein schrittweiser Prozess, der durch verschiedene Faktoren beeinflusst wird. Diese beinhalten persönliche Krisen, Identitätsprobleme, die Suche nach Zugehörigkeit und die Exposition gegenüber extremistischer Ideologie. Der IS nutzte soziale Medien und andere Online-Plattformen, um diese Menschen gezielt anzusprechen. Propaganda-Videos, die das Kalifat idealisierten und brutale Gewalt verherrlichten, wurden verbreitet, um Sympathisanten zu rekrutieren.

Regierungen und internationale Organisationen müssen eng zusammenarbeiten, um extremistische Inhalte im Internet zu identifizieren und zu entfernen. Dies erfordert nicht nur technische Überwachung, sondern auch die Zusammenarbeit mit Social-Media-Unternehmen, um Algorithmen zu entwickeln, die radikale Inhalte effizient erkennen.

Es reicht nicht aus, radikale Inhalte zu löschen es müssen auch positive Gegen-Narrative geschaffen werden, die die extremistischen Botschaften des IS widerlegen. Diese Gegen-Narrative sollten von glaubwürdigen Akteuren, wie moderaten muslimischen Gelehrten, Aktivisten und Gemeinschaftsführern, verbreitet werden.

Schulen und Gemeinden spielen eine entscheidende Rolle bei der Prävention von Radikalisierung. Bildungsprogramme sollten darauf abzielen, junge Menschen über die Gefahren extremistischer Ideologien aufzuklären und kritisches Denken zu fördern. Es ist wichtig, dass diese Programme kulturell sensibel gestaltet sind und die Komplexität der Identitätsfindung respektieren.

Personen, die Anzeichen von Radikalisierung zeigen, sollten frühzeitig durch soziale Dienste und psychologische Betreuung unterstützt werden. Dabei ist die Zusammenarbeit zwischen sozialen Diensten, Schulen und Sicherheitsbehörden entscheidend, um gefährdete Personen zu identifizieren und rechtzeitig einzugreifen.

Der IS zeichnete sich durch eine komplexe und flexible Organisationsstruktur aus, die ihm trotz militärischer Rückschläge eine erstaunliche Widerstandsfähigkeit verlieh. Diese Struktur ist dezentralisiert und auf verschiedenen Ebenen tätig, von zentralen Führungskommandos bis hin zu autonomen Zellen und Unterstützern weltweit.

Die Dezentralisierung ermöglichte es dem IS, selbst nach dem Verlust von Territorium weiterhin aktiv zu bleiben. Einzelne Zellen operierten autonom, was es schwer machte, die gesamte Organisation zu zerschlagen. Diese Netzwerke sind oft in verschiedene Bereiche wie Finanzen, Rekrutierung und Propaganda unterteilt, die unabhängig voneinander operierten, aber miteinander koordiniert werden.

Die gezielte Identifikation und Ausschaltung von Führungspersönlichkeiten des IS kann die Koordination und Kohärenz der Gruppe erheblich schwächen. Dazu bedarf es hochentwickelter Geheimdienstoperationen, die sich auf die Erfassung von Kommunikationsdaten, Bewegungsmustern und finanziellen Transaktionen konzentrieren.

Die Fähigkeit des IS, zu operieren, hing maßgeblich von seiner Kommunikation ab. Die gezielte Störung und Lahmlegung dieser Kommunikationskanäle, etwa durch Cyber-Operationen, ist eine effektive Methode, um die Handlungsfähigkeit der Gruppe einzuschränken.

Der IS finanzierte sich durch eine Vielzahl von Quellen, darunter illegale Ölverkäufe, Menschenhandel, Erpressung und Spenden. Um die finanzielle Basis solcher Organisationen zu schwächen, sind internationale Kooperationen erforderlich, die sich auf die Verfolgung und Unterbindung dieser illegalen Geldströme konzentrieren. Hierzu gehören Maßnahmen wie die Sanktionierung von Finanzinstituten, die in Verdacht stehen, Terrorfinanzierung zu unterstützen, sowie die Überwachung von Spendenströmen.

Die Zusammenarbeit mit lokalen Sicherheitskräften und Milizen in den betroffenen Gebieten ist essenziell, um Informationen zu sammeln und operative Unterstützung zu leisten. Lokale Kräfte haben oft ein besseres Verständnis der

Gegebenheiten vor Ort und können bei der Identifikation von IS-Zellen effektiver sein.

Der IS nutzte die Schwächen konventioneller Armeen aus, indem er auf unkonventionelle Methoden zurückgriff, wie Selbstmordattentate, improvisierte Sprengsätze (IEDs) und die Nutzung von zivilen Schutzschilden. Um zukünftige terroristische Gruppen, die ähnliche Taktiken anwenden, effektiver bekämpfen zu können, müssen konventionelle Militärstrategien angepasst und weiterentwickelt werden.

Eine der wichtigsten Lehren aus dem Kampf gegen den IS ist die Notwendigkeit, Geheimdienstoperationen eng mit militärischen Einsätzen zu verzahnen. Dies ermöglicht es, die Bewegungen des Feindes besser zu verstehen und präventive Maßnahmen zu ergreifen.

Militärische Einheiten müssen speziell auf die unkonventionellen Taktiken terroristischer Gruppen vorbereitet sein. Dies erfordert eine spezielle Ausbildung in urbaner Kriegsführung, der Umgang mit IEDs und die Entwicklung von Techniken zur Minimierung von Kollateralschäden. Darüber hinaus sollten militärische Einheiten mit modernster Technologie ausgestattet werden, um Sprengfallen und versteckte Angreifer zu erkennen und zu neutralisieren.

Stärkung der Zusammenarbeit mit lokalen Milizen: Der IS operierte häufig in Gebieten, in denen lokale Milizen entweder als Gegner oder potenzielle Verbündete agierten. Die

Kooperation mit diesen Milizen kann entscheidend sein, um Informationen zu gewinnen und die Akzeptanz der Bevölkerung zu sichern. Diese Zusammenarbeit erfordert jedoch sorgfältiges Management, um sicherzustellen, dass lokale Kräfte nicht durch eigene Agenden oder Ressentiments motiviert sind.

Psychologische Kriegsführung und Propaganda

Der IS war meisterhaft darin, psychologische Kriegsführung und Propaganda zu nutzen, um Angst und Schrecken zu verbreiten. Die Verbreitung von Gewaltvideos, die Inszenierung von Gräueltaten und gezielte Desinformation wurden eingesetzt, um die Moral der Gegner zu untergraben und potenzielle Anhänger zu inspirieren.

Bekämpfung der psychologischen Kriegsführung des IS

Die psychologische Dimension des Krieges gegen den IS darf nicht unterschätzt werden. Terrorismus zielt darauf ab, durch die Verbreitung von Angst politische Ziele zu erreichen. Die Bekämpfung dieser Taktiken erfordert sowohl offensive als auch defensive Maßnahmen.

Gegendarstellungen und Informationskampagnen: Die Verbreitung von Gegendarstellungen zu terroristischen Propagandaaktionen ist entscheidend, um deren Wirkung zu mindern. Diese Kampagnen sollten darauf abzielen, die Realität der von Terroristen propagierten Ideologie zu entlarven und die Grausamkeit ihrer Taten aufzuzeigen. Darüber hinaus sollten Informationskampagnen die Widerstandsfähigkeit der

Bevölkerung stärken, indem sie darauf hinweisen, dass der Zweck terroristischer Taten darin besteht, Angst zu verbreiten und die Gesellschaft zu spalten.

Schutz der Zivilbevölkerung vor psychologischer Kriegsführung: Die Zivilbevölkerung ist oft das primäre Ziel von Terroranschlägen, da diese darauf abzielen, maximale Panik zu erzeugen. Maßnahmen zum Schutz der Bevölkerung sollten daher nicht nur physischer Natur sein, sondern auch psychologische Unterstützung umfassen. Dazu gehören Programme, die Traumata nach Anschlägen behandeln und die Widerstandsfähigkeit gegenüber Terrorismus fördern. Dies kann durch psychologische Betreuung, Aufklärung und Unterstützung bei der Bewältigung von Angst und Stress geschehen.

Globale Zusammenarbeit in der Medienüberwachung: Terroristische Gruppen wie der IS nutzen das Internet, um ihre Propaganda weltweit zu verbreiten. Daher ist eine globale Zusammenarbeit erforderlich, um die Verbreitung dieser Inhalte einzudämmen. Dies kann durch gemeinsame Initiativen zur Überwachung und Entfernung extremistischer Inhalte, sowie durch die Zusammenarbeit von Regierungen und Technologieunternehmen erreicht werden.

Internationale Zusammenarbeit und rechtliche Rahmenbedingungen

Die globale Bedrohung durch den IS hat die Notwendigkeit einer internationalen Zusammenarbeit im Kampf gegen den Terrorismus verdeutlicht. Kein Land kann allein erfolgreich gegen eine so komplexe und vernetzte Bedrohung vorgehen. Die Schaffung eines kohärenten internationalen Rahmens für die Terrorismusbekämpfung ist daher unerlässlich.

Förderung internationaler Kooperation
Eine effektive Anti-Terror-Strategie erfordert die enge Zusammenarbeit zwischen den Staaten und die Harmonisierung der rechtlichen Rahmenbedingungen.

Gemeinsame Informations- und Datenaustauschplattformen: Der Aufbau gemeinsamer Plattformen für den Austausch von Geheimdienstinformationen und Daten über bekannte oder verdächtige Terroristen kann helfen, Sicherheitslücken zu schließen und grenzüberschreitende Bedrohungen effizienter zu bekämpfen. Hierzu gehören auch Abkommen über die Auslieferung von Terrorverdächtigen und die gemeinsame Nutzung von Überwachungsdaten.

Harmonisierung der Anti-Terror-Gesetzgebung: Unterschiedliche rechtliche Rahmenbedingungen können es Terroristen erleichtern, sich in bestimmten Ländern zu verstecken oder ihre Aktivitäten zu koordinieren. Die Schaffung eines einheitlichen rechtlichen Rahmens, der die grenzüberschreitende Verfolgung und Inhaftierung von Terroristen ermöglicht, ist daher von zentraler Bedeutung. Dies umfasst auch die Anpassung von Asyl- und Einwanderungsgesetzen, um die Einreise von Extremisten zu verhindern.

Koordinierte militärische und polizeiliche Operationen: Multinationale Einsätze unter einem gemeinsamen Kommando und mit abgestimmten Strategien sind oft effektiver als isolierte nationale Operationen. Die Schaffung multinationaler Task Forces, die gemeinsame Einsätze durchführen, kann die Effektivität der Terrorismusbekämpfung erheblich steigern.

Stärkung der internationalen Justiz: Die Verfolgung von Kriegsverbrechen und terroristischen Aktivitäten auf internationaler Ebene ist entscheidend, um sicherzustellen, dass Täter zur Rechenschaft gezogen werden. Der Internationale Strafgerichtshof (IStGH) spielt eine wichtige Rolle bei der Strafverfolgung von Terroristen, die an Gräueltaten beteiligt sind. Die Unterstützung und Stärkung solcher Institutionen ist daher notwendig, um die internationale Rechtsordnung zu wahren.

Der IS stellt ein prägnantes Beispiel für die Herausforderungen dar, die moderne terroristische Organisationen an die globale Sicherheit stellen. Die umfassende Analyse seiner Strukturen, Methoden und der Reaktion der internationalen Gemeinschaft zeigt, dass eine erfolgreiche Anti-Terror-Strategie nicht nur militärische, sondern auch politische, wirtschaftliche, ideologische und soziale Aspekte berücksichtigen muss. Präventive Maßnahmen gegen Radikalisierung, die Zerschlagung dezentralisierter Netzwerke, die Anpassung militärischer Taktiken und die Stärkung internationaler Kooperationen sind entscheidend, um die Bedrohung durch islamistische Anschläge in der Zukunft zu minimieren. Eine koordinierte und umfassende Herangehensweise, die alle diese Elemente integriert, kann die Grundlage für nachhaltige Erfolge in der Terrorismusbekämpfung bilden. Durch die Berücksichtigung der Lehren aus dem Kampf gegen den IS können zukünftige Anti-Terror-Missionen besser vorbereitet sein, um die komplexen Herausforderungen moderner terroristischer Bedrohungen zu bewältigen.

LITERATUR

Hassan Abu Hanieh: *IS und Al-Qaida. Die Krise der Sunniten und die Rivalität im globalen Dschihad*. Deutsch von Günther Orth. Dietz, Bonn 2016, ISBN 978-3-8012-0483-9.

Wilfried Buchta: *Terror vor Europas Toren. Der Islamische Staat, Iraks Zerfall und Amerikas Ohnmacht*. Campus Verlag, Frankfurt am Main, 2015, ISBN 978-3-593-50290-8.

Patrick Cockburn: *The Rise of Islamic State: ISIS and the New Sunni Revolution*. Verso, London/Brooklyn 2015, ISBN 978-1-78478-040-1.

Fawaz A. Gerges: *Isis. A History*. Princeton University Press, Princeton, New Jersey, USA 2016, ISBN 978-0-691-17000-8.

Christoph Günther: *Ein zweiter Staat im Zweistromland? Genese und Ideologie des „Islamischen Staates Irak"*. Ergon, Würzburg 2014, ISBN 978-3-95650-036-7 (in der Schriftenreihe *Kultur, Recht und Politik in muslimischen Gesellschaften*. Band 28, zugleich Dissertation an der Universität Leipzig 2013)

Rainer Hermann: *Endstation Islamischer Staat? Staatsversagen und Religionskrieg in der arabischen Welt*. Deutscher Taschenbuch Verlag, München 2015, ISBN 978-3-423-34861-4.

Tristan Leoni: Kalifat und Barbarei – Wie funktioniert der Islamische Staat? Aus dem Französischen von Doc Sportello. bahoe books, Wien 2016, ISBN 978-3-903022-37-9.

William McCants: *The ISIS Apocalypse: The History, Strategy, and Doomsday Vision of the Islamic State.* St. Martin's Press, New York 2016, ISBN 978-1-250-11264-4.

Hamideh Mohagheghi (Hrsg.): *Frauen für den Dschihad.* Das Manifest der IS-Kämpferinnen; in arabischer und deutscher Sprache. Herder, Freiburg 2015, ISBN 978-3-451-34832-7.

Loretta Napoleoni: *Die Rückkehr des Kalifats. Der Islamische Staat und die Neuordnung des Nahen Ostens.* Aus dem Englischen von Peter Stäuber. Rotpunktverlag, Zürich 2015, ISBN 978-3-85869-640-3. (Original: *The Islamist Phoenix. The Islamic State and the Redrawing of the Middle East.* 2014)

Petra Ramsauer: *Die Dschihad Generation. Wie der apokalyptische Kult des islamischen Staats Europa bedroht.* Styria Verlag, Wien 2015, ISBN 978-3-222-13516-3.

Christoph Reuter: *Die schwarze Macht. Der »Islamische Staat« und die Strategen des Terrors.* Deutsche Verlags-Anstalt, München 2015, ISBN 978-3-421-04694-9.

Christoph Reuter und Maryam A.: *Mein Leben im Kalifat. Eine deutsche IS-Aussteigerin erzählt.* Deutsche Verlags-Anstalt, München 2017, ISBN 978-3-421-04819-6.

Behnam T. Said: *Islamischer Staat. IS-Miliz, al-Qaida und die deutschen Brigaden.* C.H. Beck, München 2014, ISBN 978-3-406-67210-1. (auch als Lizenzausgabe der BPB erschienen, Band 1546, Bonn 2015)

Bruno Schirra: *ISIS – Der globale Dschihad. Wie der „Islamische Staat“ den Terror nach Europa trägt.* Econ, Berlin 2015, ISBN 978-3-430-20193-3.

Thomas Schmidinger: *„Die Welt hat uns vergessen“. Der Genozid des „Islamischen Staates“ an den JesidInnen und die Folgen.* Mandelbaum Verlag, Wien 2019, ISBN 978-3-85476-590-5.

Thomas Carl Schwoerer: *Mit dem IS verhandeln? Neue Lösungen für Syrien und den Terrorismus.* Redline Verlag, München 2016, ISBN 978-3-86881-652-5.

Guido Steinberg: *Kalifat des Schreckens. IS und die Bedrohung durch den islamistischen Terror.* Knaur, München 2015, ISBN 978-3-426-78772-4.

Jessica Stern, J. M. Berger: *ISIS: The State of Terror.* HarperCollins, New York City 2015, ISBN 978-0-06-239554-2.

Jürgen Todenhöfer: *Inside IS – 10 Tage im 'Islamischen Staat'.* 17. Auflage. C. Bertelsmann, München 2015, ISBN 978-3-570-10276-3.

Joby Warrick: *Schwarze Flaggen. Der Aufstieg des IS und die USA.* Deutsch von Cornelius Hartz. Theiss, Darmstadt 2017, ISBN 978-3-8062-3477-0.

Michael Weiss, Hassan Hassan: *ISIS: Inside the Army of Terror.* Regan Arts, New York 2015, ISBN 978-1-941393-57-4.